Bases de Datos.

Una aproximación práctica y actualizada

Carlos Luis Andrade

Contenido

Abuela Yia: Me gustaría que este esfuerzo sea una celebración para tu insistencia en las bellas palabras de Abel Vera Simbort: "Estudia niño y no serás cuando crecido, el juguete vulgar de las pasiones ni el esclavo servil de los tiranos"

Mi mamá dice, refiriéndose a tu partida: "…hace una tonelada de años y todavía uno la recuerda todos los días…"

Ya tengo más edad de la que tu tenías cuando te conocí… sé que te veré muy pronto… pero todavía, no.

Reglas de Cortesía entre los Conjuntos.

El nombre de este documento estuvo en mi cabeza por años, como una forma de decir que el estudio y abordaje de las Bases de Datos no es más que eso, una colección de conjuntos interactuando según ciertas normas que hemos establecido y que se han ido adaptando a los avances tecnológicos en su manejo.

Lo que quisiera compartir con ustedes es una forma práctica de abordar las situaciones con los lentes de un desarrollador, de alguien que debe escuchar a las necesidades de los usuarios y traducir sus situaciones (problemas, expectativas, visiones, …) en un sistema de información y más específicamente en una Base de Datos.

La idea es que este texto pueda acompañar al estudiante mientras cursa la materia de Bases de Datos y le sirva de guía en la teoría y en la práctica; siendo una referencia posterior en su ejercicio profesional.

Comenzaremos usando la notación que conocemos como Diagrama Entidad Relación (E/R) que, aunque data de los años 70, está muy vigente en los escritorios de los desarrolladores siendo un estándar en el planteamiento de los esquemas como un mecanismo de comunicación válido y actual usando los ejemplos que hemos desarrollado e iremos introduciendo los conceptos de implementación relacional con una aproximación práctica.

En este proceso de revisión de los recursos metodológicos abordaremos algunos ejercicios de normalización que nos permitan reenfocar el modelaje desde este lenguaje técnico que nos adentra en el entendimiento de las estructuras de Base de Datos.

Al final revisaremos el tema de las Bases de Datos No Relacionales sin entrar en detalles de implementación que nos mantengan amarrados a tecnologías u opciones comerciales.

Quiero comprometerme con ustedes, estimados lectores, con una promesa fundamental de este documento que es: no aburrirnos con tecnicismos, ni aspavientos tecnológicos, quisiera explicar los temas con ejemplos, e ir al grano.

Una sugerencia primordial que frecuentemente comparto con mis estudiantes de la materia de Modelaje de Base de Datos es vincularse con la situación que estamos atendiendo, entender su funcionamiento en profundidad y relacionarse lo más posible con la práctica de lo que se atiende, entender superficialmente la necesidad del usuario derivará en un modelo deficiente e incapaz de sostener la algoritmia que se montará sobre la Base de Datos.

Siempre doy el mismo consejo a mis estudiantes, cuando esté planteando una estructura que será una Base de Datos, llene las tablas en su cabeza; este, aunque parece un consejo trivial representa la clave para llevar a buen término las estructuras complejas a las que se enfrentará en su gestión profesional como desarrollador.

Una recomendación adicional que quiero compartirles es que mantengan sus mentes abiertas para la evolución tecnológica que resulta ser inexorable como el tiempo y aunque no podemos adivinar el futuro es nuestra responsabilidad estar preparados para él.

El modelo relacional nos permitió consolidar la tecnología en un ambiente estandarizado que facilitó muchos aspectos del desarrollo como las migraciones, la independencia entre los ambientes de GUI (interfaz gráfica de usuario, por sus siglas del inglés) y de Base de Datos, pero una nueva tendencia del manejo y la administración de los Datos, está exigiendo un reenfoque de los conceptos, el volumen de los datos ha comenzado a ser monstruoso (para usar una palabra moderada) y lo que estábamos acostumbrados a ver en términos de volumen de datos se ha multiplicado por millones en la formidable aparición de la Gran Data (Big Data) en el escenario informático.

Estamos presenciando el advenimiento de una revolución en cuanto a manejo de datos se refiere y hasta ahora este cambio se ha denominado No Relacional, basado en la ruptura de las reglas que hemos estudiado y respetado por años.

Tengo por costumbre repetir en mis clases: "El lenguaje, nos hace profesionales" con la idea de crear en mis estudiantes la conciencia de que la fabulosa capacidad de entendernos con nuestros colegas, de comunicar efectivamente nuestras ideas y soluciones, proponer abordajes, nos permitirá desempeñarnos en el ambiente laboral efectivamente, por eso este texto incorpora las palabras del idioma inglés informalmente como lo hacemos en el día a día, la idea es que el lector se familiarice con los términos y los agregue a su estilo de comunicación.

En adelante vamos a abordar estos conceptos como si se tratara de una conversación, con la ayuda del estudiante Dranfen Simpson a quién estaremos aclarando sus dudas.

El asunto del modelaje

Tenemos registro arqueológico de hace aproximadamente 65.000 años relativo a las primeras expresiones de arte rupestre atribuible a nuestros ancestros Homo Neanderthalesnsis imitando una figura femenina muy voluptuosa (no está claro si tenía una función netamente expresiva o si tenía fines espirituales) lo cierto es que resulta ser el primer modelo icónico del que tenemos referencia.

Modelar entonces se ha hecho extremadamente útil ya que nos permite representar la realidad haciéndola más accesible y fácil de estudiar, por ejemplo, resulta muy conveniente hacer cambios en la maqueta de un hotel, que realizar las modificaciones cuando este ya está construido.

Mirar la realidad que queremos convertir en un sistema de información y plantear la estructura de sus datos permite a los involucrados en este proyecto compartir una visión entendible, ya que comparten un lenguaje (notación) para expresar las características observables del problema.

Para abordar el concepto de Modelaje de Bases de Datos es casi obligado usar el ejemplo de los empleados de una empresa que se registrarán para su debido control y administración junto con los datos de sus hijos, entonces el planteamiento inicial serán dos entidades; "Empleados" e "Hijos" unidos por una relación "Tiene"

Definimos la notación entonces como un rectángulo para denotar una Entidad y un rombo para una Relación.

Otro concepto básico es la Cardinalidad de la relación, que obtenemos interrogando a las Entidades acerca de la forma en que se relacionan, por ejemplo:

¿Un Empleado puede tener varios Hijos? Si la respuesta es afirmativa, como en este caso (un empleado puede tener varios hijos registrados en la Base de Datos), propongo de inmediato que la Cardinalidad es 1 a N, si sólo pudiera tener un Hijo asociado, propondría una Cardinalidad 1 a 1.

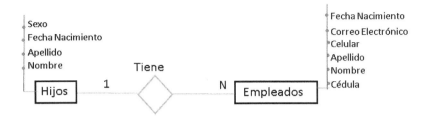

Luego la pregunta viceversa, parado desde el Hijo. ¿Un Hijo puede tener asociado varios padres en la Base de Datos?, como la respuesta es negativa, la propuesta original se ratifica, es decir la cardinalidad de la relación es 1 a N, como puede verse en el diagrama arriba.

Este modelo del mundo, el enfoque relacional, que reduce los objetos y sus relaciones a un gráfico como el de arriba, ha permitido la estandarización e implementación de las Bases de Datos del mercado mundial por los últimos cuarenta años; superando los enfoques jerárquicos y de redes que hoy, segunda década del segundo milenio, nos suenan como pertenecientes al jurásico.

El enfoque relacional tiene algunas reglas básicas que en principio exigimos a una herramienta para catalogarla en el mundo relacional, para empezar la Regla de Integridad Simple se trata de la implementación del hecho de que un conjunto no puede tener elementos repetidos, esta regla es, dicho de manera simple que un conjunto (tabla) no puede tener elementos repetidos y por esto se define un elemento identificador que no puede repetirse, llamado clave primaria.

Una segunda regla es la Integridad Referencial consiste en que, al tener dos tablas relacionadas, por ejemplo, Padres e Hijos ellas tendrán un atributo común que lógicamente sería el identificador del Padre, entonces en la tabla Padre este atributo será la clave primaria (no puede repetirse en la tabla de Padres) pero en la tabla de Hijos este identificador del Padre será conocida como Clave Foránea y se repetirá tantas veces como hijos tenga un padre en el modelo.

ID Padre	Nombre	Apellido
1544	Eduardo	Loreto
9843	Máximo	Petardo
3215	Carlos	Laurent
7321	Sonia	Akita

ID Hijo	Nombre	ID Padre
912	Ligia Loreto	1544
785	Ronie Loreti	1544
357	Max Petardo	9843
833	Marco Petit	7321
677	Sonia Petit	7321

La regla de Integridad Referencial está pensada para garantizar la consistencia de los datos en el modelo (Base de Datos), así que no permitirá que exista un valor en ID Padre (perteneciente a la tabla Hijos) que no exista en la tabla Padres.

Tengo la costumbre de mirar una tabla siempre extrayendo la mayor cantidad de significado posible, es algo así como leer la tabla, veamos que podemos concluir de los datos arriba:

Podemos ver que Eduardo Loreto tiene dos (2) hijos registrados en la Base de Datos, Ligia y Ronie, mientras que el Sr. Máximo Petardo tiene registrado un solo hijo (Max), La Sra. Sonia Akita tiene dos (2) hijos registrados Marco y Sonia y además podemos inferir que el apellido del esposo de la Sra. Sonia es Petit; basado en lo que no está (explícito en la tabla) también podemos concluir que el señor Carlos Laurent no tiene hijos (al menos registrados en la Base de Datos).

Un profesor de Base de Datos (hace muchos años) nos decía referente a este proceso de extraer significado (leer las tablas): "golpearemos los datos hasta que confiesen"

Es por la necesidad de extraer significado de los datos, convertirlos en información (posiblemente en conocimiento) y luego en acciones, que se justifica el hecho de construir una ciencia para su almacenamiento y administración.

Dranfen: Profesor... ¿Por qué el modelo se llama relacional, como si las relaciones fuesen más importantes que las entidades? ¿Debería llamarse Conjuntacional?

Gracias por tu pregunta Dranfen, la respuesta proviene de las definiciones matemáticas, ya que la definición de Relación es: un subconjunto del producto cartesiano de dos conjuntos, te lo explico con un ejemplo:

Tenemos el conjunto de 4 cédulas de identidad:

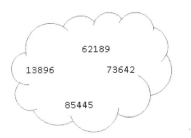

Y el conjunto de 4 nombres:

Si ordenamos estos conjuntos en un eje de coordenadas cartesianas las cédulas en el eje X (abscisas) y los nombres en el eje las Y (ordenadas), podemos ver el siguiente gráfico:

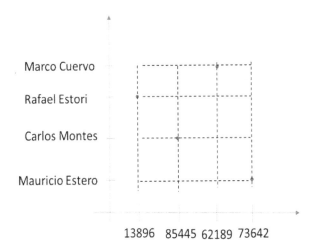

El Producto Cartesiano de ambos conjuntos resulta ser entonces la intersección de las líneas punteadas, se obtiene un nuevo conjunto, por extensión:

Cédula	Nombre
13896	Marco Cuervo
13896	Rafael Estori
13896	Carlos Montes
13896	Mauricio Estero
85445	Marco Cuervo
85445	Rafael Estori
85445	Carlos Montes
85445	Mauricio Estero
62189	Marco Cuervo
62189	Rafael Estori
62189	Carlos Montes
62189	Mauricio Estero
73642	Marco Cuervo
73642	Rafael Estori
73642	Carlos Montes
73642	Mauricio Estero

Sería relacionar a cada uno con todos, un todos contra todos como dicen ustedes Dranfen, pero la relación que queremos representar es sólo la cédula con el nombre que le corresponde, algunas veces cuando cometemos algún error en la construcción de una consulta relacional (más adelante veremos este concepto en detalle) el manejador de Base de Datos suele respondernos con el Producto Cartesiano, entonces cuando la respuesta es desproporcionalmente grande podemos sospechar que nuestro error ocasionó esta respuesta; ahora la relación indicada en el gráfico por los puntos más grandes:

Cédula	Nombre
13896	Rafael Estori
85445	Carlos Montes
62189	Marco Cuervo
73642	Mauricio Estero

Esta es la relación que queremos estudiar, efectivamente un subconjunto del producto cartesiano entre los conjuntos, que puede provenir de una función o no… pero no entraremos en definiciones matemáticas… como nos prometimos al inicio de este documento, por ello Dranfen el modelo se llama Relacional y no Conjuntacional.

La interacción entre estas relaciones (conjuntos) a las que llamaremos tablas de ahora en adelante es el fundamento de este enfoque.

Con la idea de mantener un enfoque práctico del tema no abordaremos las referencias escritas de su padre Edgar Frank Cood, pero tengo que recomendar que revisen las 12 reglas que propone, allí se resume "la esencia".

Ejercicios de Modelaje de Base de Datos (E/R).

La dinámica con la que queremos interactuar es plantear una situación como si se tratara de una entrevista, un levantamiento de información para el desarrollo de un Sistema de Información y en el abordaje de cada uno de estos "casos" se detallarán las técnicas que las metodologías ponen a nuestra disposición para elaborar los modelos de Bases de Datos.

Estos "casos" que estaremos abordando pueden ser considerados como el resultado (resumen) de una entrevista con un usuario, en el transcurso del levantamiento de información en el proceso de desarrollo de un Sistema de Información, un ejercicio de clases o el enunciado de un examen, es en principio la clave para dominar cualquier disciplina… practicar, practicar y luego practicar.

El desarrollador debe estar consciente de que el producto que obtendrá es una representación de la realidad, un modelo del repositorio de los datos que permita al "algoritmo" (sistema de información) resolver los requerimientos planteados por el usuario.

1.- Residencias "Cafetal Suites"

La junta de condominio del conjunto residencial "Cafetal Suites" tiene pensado implementar un sistema de información que permita controlar a los Residentes (inquilinos y propietarios) de los edificios y sus recibos (pagados y pendientes).

Usted ha sido designado para diseñar la Base de Datos correspondiente a este sistema de información que debe ser expresada usando la notación Entidad-Relación (E/R).

Requerimientos principales:

.- Deben poder emitirse listados de los residentes (inquilinos y propietarios) identificando el inmueble y la relación que tienen con el titular (responsable ante el condominio) esta puede ser: cónyuge, hijo, hermano, padre, …

.- Es importante poder emitir listados de los recibos de condominio, tanto pendientes como pagados, de acuerdo a la solicitud.

Un asunto particularmente importante que está siendo solicitado a esta implementación es el control de las pernoctas de vehículos en los puestos de estacionamiento designados para visitantes, ya sea por parte de residentes o de visitantes, con el fin de desincentivar el uso de estos puestos de forma indiscriminada y desorganizada por parte de la comunidad.

El vigilante a las 5:30 am en su ronda de amanecer, generará un ticket correspondiente a cada vehículo que pernoctó en cualquiera de los puestos de visitantes, identificando el apartamento que visitó (o el apartamento del Residente, en caso de que no sea un visitante).

Las tarifas de los puestos de estacionamiento dependerán del nivel de cada uno de estos (Planta Baja, Sótano 1 o Sótano 2) y es muy importante registrar el historial de las modificaciones de las tarifas.

Es necesario tener registro y control de las relaciones (propietario – inquilino) manteniendo actualizadas las mismas.

Cuando un Residente alquila el inmueble será registrado como Titular, mientras que el propietario en caso de que no ocupe su inmueble seguirá estando registrado como propietario.

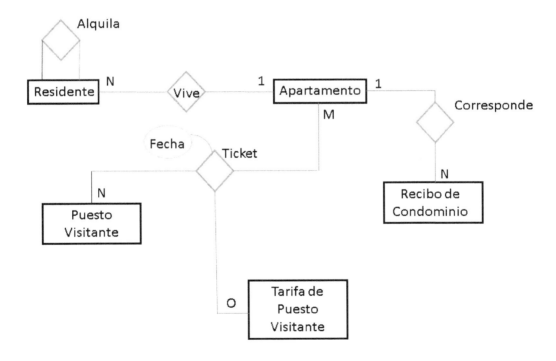

Este diagrama no es más que una visión, un modelo de lo que terminará siendo la Base de Datos de un sistema de información que registrará los asuntos relativos al condominio de las residencias "Cafetal Suites" y como modelo al fin, estará ligado al estilo del modelador (como si de un artista se tratara) y este individuo (el modelador) debe extraer el significado del usuario como si se tratara de un terapeuta.

Se trata de dibujar la realidad "relevante" del problema que tenemos en frente en términos de "Entidades" (objetos), identificándolas con rectángulos y las "Relaciones" entre ellas, identificándolas con rombos, como puede verse en la figura arriba.

El objeto "Residente" es cómo podemos ver una tabla que contendrá una serie de atributos que describen a las personas que son residentes en el conjunto residencial, de estas personas se quiere almacenar datos como por ejemplo, su cédula de identidad o algún identificador unívoco que permita referenciarle como un elemento único en el conjunto de los residentes.

En la tabla de residentes entonces encontraremos atributos como el nombre y apellidos de la persona, su número telefónico fijo y celular, correo electrónico y otros rasgos que en consenso usuario y desarrollador consideren relevantes.

Es importante en este sentido que la identificación de los atributos depende del criterio del desarrollador y depende en gran medida del nivel de detalle que quiere cubrir y de los servicios que a futuro este sistema de información prestará.

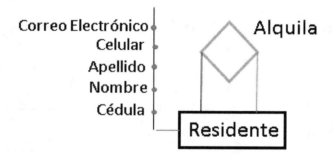

Representando los atributos de esta forma en la notación del diagrama para las referencias de desarrollo cerrando los espacios de decisión al programador y adelantando lo más posible el proceso de documentación.

Veamos por dentro la relación alquila, para extraer un poco de significado:

Propietario	Inquilino
214678	340259
214678	612875
946882	877455
321214	784598

Se deriva del contenido de esta tabla que el Señor Eduardo Longoria (de cédula 214678) alquila dos apartamentos, uno al señor Pedro González (340259) y otro al señor Moritz Arcila (612875), como podrá inferirse los nombres correspondientes a las cédulas están almacenados detalladamente en la tabla residente, igual que los otros descriptores que le son propios.

La notación establece que no es necesario indicar los atributos base de una relación ya que de forma tácita se entiende que serán los identificadores (claves primarias) de las entidades que esta relación une, en este caso los atributos de Alquila serán las cédulas (por partida doble) ya que Residente es una relación sobre si misma o relación reflexiva (self relationship, como es conocida en la bibliografía en inglés)

Por otra parte, a cada atributo, de acuerdo a su naturaleza, corresponderá un tipo de dato, es decir, el atributo "nombre" será del tipo texto (también conocido como alfanumérico), pero la "edad" o el "sueldo" serán del tipo numérico.

La cédula y el celular serán definidos como alfanuméricos…

Dranfen: Profesor... La cédula pareciera ser del tipo numérico, de hecho, es conocida como número de cédula, igual que el celular al que también se le llama número celular. ¿Cuál es la razón para definirlos como alfanuméricos?

Muy buena pregunta Dranfen, efectivamente ambos atributos parecen números, pero parecer no es ser; una regla muy útil para tomar esta decisión es preguntarse si necesitaré operar (hacer operaciones) con estos datos, por ejemplo, tendré que averiguar, ¿el promedio de las cédulas de ciertos estudiantes?, ¿tendrá sentido calcular la sumatoria de los teléfonos celulares de un grupo de profesores, registrados en la Base de Datos?, por el contrario definir estos atributos como alfanuméricos nos permitirá aplicarles funciones de textos y formatearlos con guiones para facilitar su lectura.

Esta definición ha hecho surgir en los últimos años, en algunas herramientas el concepto de variables Categóricas (no numéricas) en las que se puede agregar, agrupar y categorizar, contrapuesto a las variables No Categóricas (numéricas) sobre las que se puede operar (sumar, multiplicar, ...)

2.- Atrápame si puedes.

Usted ha sido contratado para diseñar la Base de Datos que soportará las operaciones de una nueva aplicación de "Citas" con base de operaciones en Caracas, llamada "Atrápame si puedes".

En atrápame podrán registrarse los usuarios (prospectos) indicando su género e inclinación, es decir: Hombre buscando Mujer, Mujer buscando Hombre, Hombre buscando Hombre o Mujer buscando Mujer, de esta manera el algoritmo podrá proponerles las opciones adecuadas de prospectos.

Los prospectos podrán identificarse con un alias, pero el número telefónico debe corresponder al dispositivo con el que se está abriendo la aplicación, es muy importante también registrar la edad, para que el algoritmo pueda descartar a los menores de edad y para que pueda proponer un rango de 20 años (10 menor y 10 mayor), al igual que la fecha exacta del nacimiento para que pueda calcularse el signo zodiacal que será considerado como un atributo común, tanto para el zodiaco corriente como para el horóscopo chino.

Los usuarios (prospectos) al registrarse deberán anexar 5 fotos que les muestren de cuerpo entero (sin incluir desnudos ni vulgaridades) además deberán indicar una serie de intereses mediante la respuesta a varias preguntas personales como: mascotas, tabaco, alcohol, salidas, posee vehículo?, ciudad de residencia, tipo de relación que busca (casual, formal, pareja de por vida, aventura, amigo con beneficios,...), deportes, número de hijos, tendencias o gustos sexuales particulares (tradicional, juegos de roles, sadomasoquismo, poliamor,...)

El algoritmo entonces filtrará y mostrará a los usuarios las fotos de los prospectos que estén ubicados en ciudades a menos de 40 km de la ciudad indicada por el usuario, además sólo mostrará fotos de los usuarios coincidentes con la preferencia sexual indicada y en el rango de edad antes descrito.

Los usuarios estarán scrolleando por las fotos de sus correspondientes prospectos y cuando un prospecto les guste marcarán un corazón a la derecha -Me Gusta- o una equis a la izquierda -No Me Gusta-

Cuando un usuario marca un -Me Gusta- a otro, quedará de inmediato registrado para que el algoritmo cuando realice la revisión temporal busque los intereses del usuario marcado con el -Me Gusta- y si encuentra más de 5 atributos e intereses comunes, envíe un Match a ambos usuarios habilitando a aquellos que tengan el pago de su membresía al día (activos) la posibilidad de enviar un mensaje directo al prospecto.

El algoritmo revisará frecuentemente la tabla de pagos para modificar el estatus de los prospectos de activos (membresía paga y al día) o inactivos (usuarios que nunca han pagado o con pagos vencidos) para que estos sólo puedan recibir mensajes.

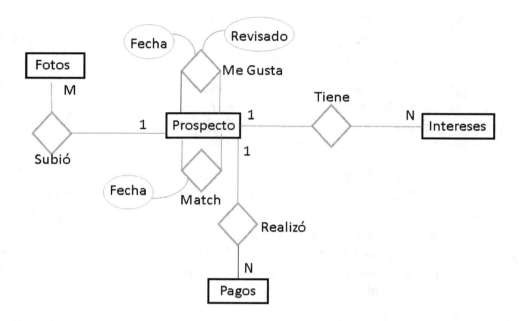

Aquí podemos ver que una entidad "Prospecto" se traduce en una tabla que podemos sospechar estará conformada por atributos con características de los usuarios que pertenecen a la plataforma "Atrápame si puedes", de estos usuarios debemos capturar características como su nombre, apellidos, fecha de nacimiento (para calcular la edad que resulta fundamental en el funcionamiento del algoritmo), sexo, y muchas otras características descriptivas que llamaremos atributos.

Un atributo principal será el identificador unívoco de cada prospecto (usuario), lo natural podría ser su documento nacional (cédula de identidad, DNI o número de pasaporte) y es válido siempre que tengamos un identificador único que nos permita referenciar a cada elemento de conjunto como una ocurrencia única e irrepetible, esta característica la estaremos llamando: "Integridad Simple".

Este concepto de "Integridad Simple" que ya mencionamos antes, es instrumentado por los manejadores de Bases de Datos con la herramienta de *Clave Principal* o *Llave Principal* (primary key)

ID Prospecto	Nombre	Apellido	Alias	N° Celular	Fecha Nacimiento	Sexo
14152	Ana	Arambu	GataLoca	54-87855	22/09/87	F
22587	Carlos	Toper	Jocoso	62-52244	14/01/94	M
57485	María	López	Ardiente	45-82467	15/06/92	F
54125	Carlos	Toper	Martillo	54-88512	12/12/79	M
45562	Marco	Moro	LatinLover	58-52874	04/05/85	M
34568	Pedro	Larouse	Furioso	21-32784	17/10/94	M

Mismo nombre y apellido – ID Prospecto diferentes

La implementación de clave primaria sobre el atributo ID Prospecto nos permite asegurarnos de que el usuario "Jocoso" y el usuario "Martillo" son individuos diferentes con identificadores diferentes en el sistema, aunque tengan el mismo nombre de pila y apellido, es por así decirlo, la primera regla de los conjuntos, no existirán elementos repetidos.

Es lógico pensar que para efectos gráficos y didácticos se omiten arriba muchos de los atributos descriptores que un prospecto debería tener en una tabla que preste servicios a una aplicación de esta naturaleza (citas en línea), como podría ser la estatura, el peso, color de la piel, color de los ojos, categoría racial … y los detalles que permitan a la otra parte hacerse una idea del prospecto, en principio no hay límites para la cantidad de atributos.

En el diagrama E/R arriba se puede ver que la notación designa a los objetos como rectángulos en el dibujo, entonces el rectángulo "Prospecto" representa el objeto antes descrito y el rectángulo "Intereses" nos hace pensar en una tabla de intereses donde tendremos una gran cantidad de estos, con su identificador, descripción y tipo de interés donde se almacenará.

Es importante observar que entre los "Prospecto" y los "Intereses" se encuentra una relación llamada "Tiene" que en la notación se establece como un rombo, así de las relaciones es importante decir que las define el concepto llamado: Cardinalidad y este consiste en la forma en que se relacionan ambas entidades; el método tradicional para determinar la cardinalidad de una relación es el siguiente; tomemos el ejemplo de "Tiene" y le preguntamos: un "Prospecto" "Tiene" muchos "Intereses"?, si la respuesta es sí, como efectivamente lo es, colocamos 1 a N y luego preguntamos viceversa: Un "Interés" Tiene" asociados muchos prospectos y si la respuesta es sí, como lo es esta vez, la relación será de "muchos a muchos" o de M a N.

IDProspecto	IDInterés
14152	25415
14152	54522
14152	98764
14152	46247
45562	25415
45562	34697

Esta sería una vista de la tabla que implementa la relación "Tiene", en el diagrama es tácito (se asume) que los atributos serán las claves primarias de las Entidades a las que ella une, no es necesario indicar en el diagrama que estos son los atributos que constituyen a la relación, pero si algún atributo adicional agrega información relevante y resulta conveniente que forme parte de la relación debe indicarse como veremos más adelante.

Estos números arriba significan que (14152) el usuario GataLoca tiene interés en las mascotas (25415), el tabaco, el alcohol y el trasnocho; además que el usuario (45562) LatinLover tiene interés en las mascotas (25415) y en las apuestas (Bingos y Casinos - 34697), pero no es posible que a simple vista podamos extraer este significado (semántica), esto lo dejaremos al algoritmo que usará la Base de Datos como campo de juego.

Al definir esta tabla sería lógico definir como clave principal la combinación de ambos valores (IDProspecto + IDInterés) pero depende en todo caso de las restricciones del manejador, pudiendo en algunos casos ser necesario definir un identificador específico (IDTiene)

Como es lógico pensar existe un procedimiento preciso cuando llegado el momento tengamos que convertir nuestro modelo en una Base de Datos y estaremos abordando este punto con detalles un poco más adelante, por ahora es importante ir pensando en que dentro de una relación tendremos el identificador de cada una de las tablas involucradas.

Dranfen: Profesor... En este diagrama algunas relaciones reflexivas tienen atributos adicionales, como "Me Gusta" y "Match"

Excelente observación Dranfen, aunque la notación establece que los atributos de las relaciones son tácitamente los identificadores de las entidades que unen, es muy común que resulte necesario registrar la fecha de esta relación, como en el caso de "Me Gusta" y este carácter temporal del registro reforzará la identificación ya que un Me Gusta podría repetirse, de acuerdo a las condiciones del modelo y del algoritmo.

Cuando un atributo adicional a los atributos base debe ser incorporado al modelo debe señalarse con un óvalo etiquetando su nombre al interior del mismo.

El atributo Revisado, será del tipo booleano (sólo acepta el valor Sí o No) y al crear cada instancia se colocará el valor por defecto (default value), No. Este atributo está concebido por el desarrollador como una marca, cuando el algoritmo pase por allí y envíe al usuario la notificación del "Me Gusta" cambiará el valor del atributo revisado a Sí para que no repita la notificación en la próxima revisión de la tabla.

Aunque siempre les pido pensar en los usuarios del diagrama E/R, los desarrolladores (programadores) también les pido que se abstengan de programar, pero encontrar el equilibrio siempre es bueno, a veces facilitar las cosas cuesta poco y ayuda bastante.

¿Respondí a tu inquietud?

3.- Zoológico del Pinar

El Zoológico del Pinar está definiendo su equipo de desarrollo para un sistema que soporte la operación y más específicamente la alimentación de los ejemplares de acuerdo a una serie de normas que el Instituto Nacional de Bienestar Animal (INBA) emitió recientemente.

En tal sentido la norma establece que para cada especie debe registrarse toda la jerarquía de taxones anidados (taxonomía), es decir: Reino, Filo, Clase, Orden, Familia, Género, Especie; por ejemplo, para los gatos: Reino: 'Animalia', Filo: 'Cordata', Clase: 'Mammalia', Orden: 'Carnivora', Familia: 'Felidae', Género: 'Felis', Especie: 'Felis Silvestris Catus Domesticus'.

Para los cocodrilos americanos: Reino: 'Animalia', Filo: 'Cordata', Clase: 'Saurópsida', Orden: 'Crocodilia', Familia: 'Crocodyliae', Género: 'Crocodylus', Especie: 'Crocodylus acutus'.

	Gato	Cocodrilo
Reino:	Animalia	Animalia
Filo:	Cordata	Cordata
Clase:	Mamalia	Sauropsodia
Orden:	Carnivora	Crocodilia
Familia:	Felidae	Crocodyliae
Genero:	Felis	Crocodylus
Especie:	Silvestris Catus	Crocodylus Acutus

Por supuesto que es necesario controlar a cada espécimen (individuo), por ejemplo, si existen 12 Gatos (Felis Silvestris Catus Domesticus) de cada uno de ellos deberá registrarse su alias (Pascal, Michu, Poncho,...) y características particulares que le distingan como: color, peso, edad, fecha de nacimiento, sexo, ...

El reglamento además obliga a tener control de cada insumo (tipo de alimento) bien clasificado por ejemplo los cambures, la yuca, el maíz, ... deben tener establecido sus parámetros nutricionales (porcentaje de fibra, aporte proteico, carbohidratos, minerales, etc.) y en base a estos insumos se elaborarán dietas específicas por especie que incluirán las cantidades sugeridas con el peso exacto de cada componente (insumo) para cada especie y en caso de requerirse, su forma de preparación (por ejemplo, molido, papilla, ...)

Considere que puede existir una dieta que corresponda a Gato ('Felis Silvestris Catus Domesticus') cachorro y otra dieta que corresponda a adulto o adulto mayor, pero cada dieta sólo estará asociada a una especie en particular.

Para cada recinto se llevará un registro diario de la ración suministrada (jaula de los monos, recinto de los osos, ...) para que de esta forma pueda calcularse el consumo promedio por espécimen (individuo).

Por último, pero no menos importante debe llevarse un registro de los apareamientos y el momento exacto (incluida la hora) que permita programar los partos estimados y las probabilidades de éxito de cada monta (apareamiento).

El siguiente diagrama cómo ya hemos visto corresponde al Entidad-Relación (E/R) del caso de estudio que estamos abordando:

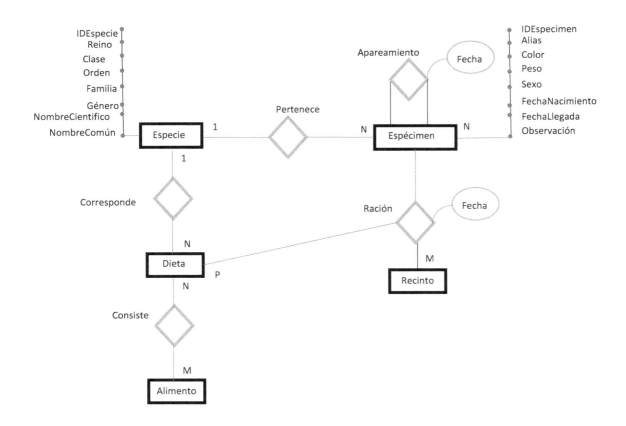

Dranfen: *Profesor... Algunos de estos conceptos revisten una complicación adicional al proceso. ¿Esto podría retrasar el modelaje? Recuerdo muy poco de mis clases de biología y de taxonomía*

Entiendo tu inquietud, Dranfen, por ello tengo que recomendarles que no se dejen abrumar por los detalles técnicos que el usuario insiste en proveernos (muchas veces), es posible que el usuario quiera validación emocional bombardeándonos con términos muy sofisticados y específicos de su área de conocimiento, quizá quiera que escuchemos toda la taxonomía de las especies tropicales y las relacionadas con su tesis doctoral, ninguna de estas complicaciones se relacionan en realidad con la Base de Datos, escuchar pacientemente y desestimar lo irrelevante es un arte en esta tarea de modelar.

Una buena práctica en el diseño es que cuando estamos definiendo los atributos de las entidades siempre comenzar con el identificador del objeto, por ejemplo el IDEspecimen consistirá en un número que corresponderá a cada animal, supongamos que en el zoológico tenemos cuatro hipopótamos, resulta que alias "Motomoto" tendrá asignado el IDEspecimen "45", alias "Mostro" tendrá asignado el IDEspecimen "46", alias "GordaBella" tendrá asignado el IDEspecimen "47" y alias "Suegri" tendrá asignado el IDEspecimen "48".

Quisiera abordar nuevamente el concepto de la relación reflexiva, para esto usaremos a la relación "Apareamiento" que se establece sobre la entidad "Espécimen"; aquí la notación quiere expresar que una instancia del objeto espécimen, se relaciona con otra y podemos sospechar (lo ratificaremos más adelante) que su implementación consiste en un objeto (tabla) donde se almacenan los identificadores correspondientes a los especímenes involucrados en el apareamiento, junto a la fecha en que se consumó este acto.

En el modelo debemos observar que la relación "Ración" es ternaria, es decir, une tres entidades "Espécimen", "Dieta" y "Recinto" conformándose por la clave primaria de cada una de estas (entidades) permitiendo guardar el registro relativo a la dieta entregada diariamente a cada espécimen en cada recinto.

La notación nos permite modelar la realidad como una fase preliminar a la implementación relacional, en particular debe notarse que las relaciones estarán conformadas por las claves primarias de las entidades que ellas unen en el modelo (esta es una condición, tácita; es decir, siempre será así sin necesidad de manifestarlo explícitamente en el diagrama) pero si un atributo adicional es requerido para satisfacer un requerimiento específico este debe expresarse en el diagrama dentro de un óvalo conectado a la relación, como en el caso del atributo "fecha" en la relación Ración.

El resultado "objeto entregable" del proceso de modelado es, como hemos dicho, un diagrama E/R que no es más que un modelo, un plano, una maqueta de la estructura de la Base de Datos que resultará mucho más económico validar, corregir y ajustar que la Base de Datos propiamente dicha, no es más que eso… por tanto:

.- Respete la notación.

.- Mantenga la mente abierta. (sea flexible)

.- Llene las tablas con ejemplos (instancie)

.- Involúcrese en la situación (comprenda) y

.- Comuníquese asertivamente con sus usuarios.

Una regla nemotécnica que me gusta usar es "Noflexicoco" →

Notación, Flexibilidad, Instanciación, Comprensión y Comunicación

Entonces Dranfen, si tu diagrama está Noflexicoco tendremos una estructura de Base de Datos robusta, que nos permitirá resolver los requerimientos con una algorítmica sencilla.

Componentes del Modelado E/R Efectivo

Notación	Flexibilidad	Ejemplos	Comprensión	Comunicación
Adherirse a las reglas del diagrama	Mantener una mente abierta	Llenar tablas con ejemplos	Involucrarse en la situación	Comunicar asertivamente con los usuarios

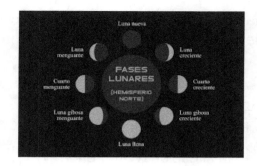

4.- Calendario Lunar.

En el Centro de Estudios Agronómicos Ancestrales Turgua (CEAAT) se requiere una aplicación que ayude al control de las fases lunares para apoyar a la planificación de las tareas del campo, sobre todo a aquellos integrantes muy transculturizados que han perdido su conexión con las prácticas ancestrales de vida y su relación con la madre tierra.

Se considerarán entonces las cuatro fases lunares, por ejemplo, en 2024 desde el 4 hasta el 10 de enero fue "Cuarto Menguante", luego desde el 11 al 17 de enero fue "Luna Nueva", después del 18 de enero al 24 de enero fue "Cuarto Creciente" y desde el 25 de enero al 2 de febrero fue "Luna Llena"; entonces sucesivamente los ciclos lunares seguirán cada 29,54 días alternándose y su registro debe hacerse día por día en al menos dos años en el futuro.

Además las actividades agrícolas deben estar registradas y debidamente categorizadas, por ejemplo: trasplante de cambures, poda de especies arbustivas (quinchonchos, café, cacao, ...), siembra o trasplante, corte para madera, corte para leña,..., así cada actividad tendrá una descripción característica y además se llevará registro de los implementos de labranza necesarios para desarrollarle (pico, chícora, pala, rastrillo,...)

Debe establecerse para cada actividad la fase lunar que le es propicia y la fase que le es adversa para que la planificación se haga considerando esta circunstancia particular.

Debe existir adicionalmente un registro detallado con todas las características relevantes de los integrantes (trabajadores, profesores, estudiantes y voluntarios) del CEAAT para que cuando la planificación detallada por actividad se registre pueda identificarse los responsables con las fechas exactas y luego su estatus de ejecución (planificada, ejecutada, retrasada o cancelada).

Finalmente, también se registrará en la ficha de control de cada implemento de labranza si es de uso personal y la persona a la que pertenece o si pertenece al CEAAT.

A continuación, el diagrama E/R correspondiente al caso de estudio que describimos arriba:

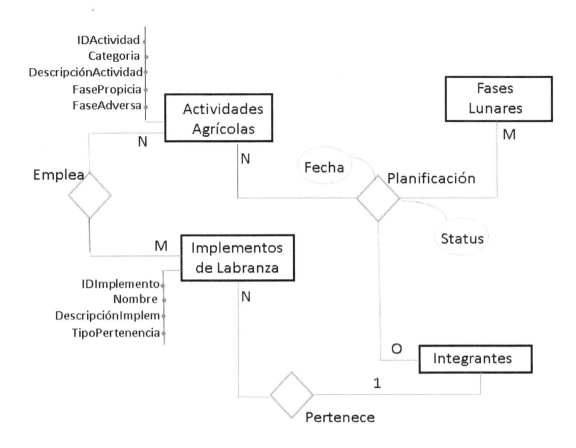

La actividad de modelaje de Bases de Datos es sin duda alguna un ejercicio práctico y esta habilidad se perfecciona con la repetición, con el abordaje de distintas situaciones que permitan adquirir la experiencia acumulativamente, como a nadar, se aprende nadando, a modelar se aprende modelando.

Dranfen: Disculpe Profesor... Cuando abordé este ejercicio enfoqué la relación de Planificación distinto, más bien como dos relaciones, ¿también estaría bien?

Bueno Dranfen... primero quiero decirte que no existe una solución correcta y otras incorrectas, el enfoque tiene que ver con la experiencia y estilo del diseñador, existen algunas pruebas complicadas que podrían comparar la eficiencia en la ejecución de algunas consultas usando una configuración de tablas u otra; pero si la configuración propuesta permite dar respuesta a todos los requerimientos de información, puede considerarse correcta.

IdFaseLunar	IDActAgricola	IDIntegrante	Fecha	Status
1	212	38	02/02/2024	Planificada
2	548	22	11/02/2024	Planificada
1	212	14	05/10/2023	Ejecutada
4	322	9	21/11/2023	Retrasada
3	212	22	09/01/2024	Cancelada

En el interior de la tabla, correspondiente a la relación Planificación encontramos la primera actividad en Cuarto Menguante (IdFaseLunar = 1) correspondiente a un Trasplante de Cambures (IDActAgricola = 212) realizado por el señor Luis Sandoval (IDIntegrante = 38) será realizada el 2 de febrero y se encuentra planificada, esto nos permite capturar el sentido completo de la planificación aprovechando la información de las 3 entidades en una sola relación ternaria.

Así Dranfen puedo responder a cualquier consulta relacionada: ¿cuál fase?, qué actividad?, ¿quién lo realizó, ¿en qué fecha? y el estatus, mientras el algoritmo recorre una sola tabla.

Hemos entonces respetado la notación del diagrama E/R de tal forma que los administradores puedan traducir con exactitud nuestras especificaciones, siendo flexibles en la forma en que abordamos la solución, instanciando cada propuesta de objeto mientras nos involucramos profundamente en la dinámica de CEAAT comprendiendo sus necesidades de información y manteniendo una comunicación permanente con los equipos de trabajo (usuarios y desarrolladores).

Entonces nuestro modelo quedó completamente noflexicoco.

La ventaja principal de dibujar un diagrama E/R es la misma que la del desarrollo de otros modelos, un plano, una maqueta, … Permite que ajustar y corregir las diferencias de percepción entre los equipos de trabajo, resulte ligero e incluso ventajoso; equivocarse es entonces, la más nutritiva de las experiencias.

Normalización.

La maduración del modelaje de las estructuras que forman las bases de datos ha pasado por distintas etapas y los intentos de modernizar las formas expresivas (como los diagramas E/R) igual, todas estas iniciativas aportan, claro enfoques frescos pero que no han logrado desplazar el dominio del E/R como herramienta reina en el diseño de Bases de Datos, quizá por la naturaleza de la herramienta, buena por su sencillez y naturalidad.

Un enfoque que pretende sustraer un poco de subjetividad al proceso de modelaje, expresando mediante postulados formales los estados de un conjunto de tablas en estudio es justamente "la normalización".

Pero fieles de nuestra promesa de "no aburrirnos con tecnicismos teóricos" vamos a abordar un ejemplo lo antes posible.

Cuando abordamos el proceso de normalización (al menos en el entorno académico) partimos normalmente de una estructura de datos que se ha estado usando para representar una situación (normalmente una hoja de cálculo donde se registran los datos, artesanalmente)

Primera forma normal ó 1FN:

Los atributos deben ser valores atómicos, no deben existir valores compuestos en las filas que componen la tabla.

Bibliotecaria:

La señora Nola, bibliotecaria de un Instituto Universitario desarrolló en una hoja de cálculo donde registra cada uno de los ejemplares (libros) de la biblioteca y su ubicación exacta (mueble y estante), título, condición en la que se encuentra, identificación del autor, editorial, categoría del libro (Novela, Administración, Ficción, etc.) además los datos del estudiante a quién se le prestó el libro, la fecha del préstamo y su devolución.

Pero el aumento de la cantidad de estudiantes y la incorporación de una serie de títulos nuevos han llevado al borde del colapso en control de los préstamos de libros de la señora Nola en la biblioteca.

De hecho, sólo un vistazo a los datos nos permite ver cierta redundancia en los mismos que no facilita, ni el control, ni el entendimiento de la situación que los datos pretenden registrar.

Cod Ejemplar	Mueble	Estante	Título Libro	Condición Libro	Nombre Autor	Editorial	Categoría	Estudiante	Teléfono Estudiante 1	Teléfono Estudiante 2	Fecha Préstamo	Fecha Devolución
214356	6	3	Sextante. Aventura en Rentabilidad	Excelente	Carlos Andrade	McGraw Hill	Adminis	María Villaroel	414-4588969	212-5875425	5/6/2024	6/6/2024
458445	2	5	El vuelo del rinoceronte	Bueno	Marco DiBlasio	Edice	Novela	José Altuve	212-5487935	414-2687245	2/11/2023	4/1/2024
215879	5	4	Anillo de la mano de cambur	Regular	Raul Brito	Amazon.com	Ficción	Luis DaSilva	414-9523456	412-5945865	5/8/2019	11/8/2019
458445	2	5	El vuelo del rinoceronte	Bueno	Marco DiBlasio	Edice	Novela	Benigno Alarcon	414-9862594	416-2495782	6/3/2005	14/3/2005
215879	5	4	Anillo de la mano de cambur	Regular	Raul Brito	Amazon.com	Ficción	Carlos Vasquez	416-6545456	414-6245874	15/8/2019	22/8/2019
214356	6	3	Sextante. Aventura en Rentabilidad	Excelente	Carlos Andrade	McGraw Hill	Adminis	José Altuve	212-5487935	414-2687245	12/6/2024	23/6/2024
587454	2	4	Los Ferieros de Tachira	Bueno	Mauricio Fernandez	Amazon.com	Novela	Luis DaSilva	414-9523456	412-5945865	5/8/2019	11/8/2019
214356	6	3	Sextante. Aventura en Rentabilidad	Excelente	Carlos Andrade	McGraw Hill	Adminis	Luis DaSilva	414-9523456	412-5945865	5/8/2019	11/8/2019
587454	2	4	Los Ferieros de Tachira	Bueno	Mauricio Fernandez	Amazon.com	Novela	Darry Rojas	412-2485926	212-5488751	5/10/2022	12/10/2022
587454	2	4	Los Ferieros de Tachira	Bueno	Mauricio Fernandez	Amazon.com	Novela	Luis DaSilva	414-9523456	412-5945865	5/5/2020	10/5/2020

Vamos a mirar los datos con detenimiento (práctica muy necesaria en el proceso de normalización), observe que existe el campo "Teléfono Estudiante 1" y "Teléfono Estudiante 2", la pregunta natural es, ¿qué debe hacerse cuando aparezca un registro con tres teléfonos?; se descartará esta información o se creará una nueva columna "Teléfono Estudiante 3", esta entonces es la primera consideración que usaremos para valorar que una estructura se encuentra en 1FN.

Una apreciación adicional que discuto siempre con mis estudiantes es que algo se considerará atómico desde el punto vista de 1F cuando "puede y conviene" es decir, al subjetivo criterio del desarrollador, observemos la siguiente situación en los datos:

El cliente nos ha pedido que el nombre del autor sea almacenado usando el formato de Nombre de pila y Primer Apellido, con el fin de facilitar las búsquedas y el acomodo en las referencias bibliográficas, donde se acostumbra usar el nombre del autor como Primer Apellido, Nombre de Pila, de esta forma el atributo "Nombre Autor" pasaría a ser considerado como no atómico, pero el atributo "Estudiante" que tiene el mismo contenido que nombre de autor será considerado atómico, ya que no se necesita el detalle (nombre y apellido) para las consultas y funcionalidades posteriores, es entonces cuando recordamos "se puede y conviene".

Entonces consideremos el hecho de una fecha, por ejemplo, podría considerarse un atributo no atómico porque se puede dividir en día, mes y año, pero en la mayoría de los casos es preferible manejar las fechas como atómicas debido a la cantidad de servicios que sobre los que los campos de fecha implementan los manejadores.

Otro ejemplo muy común es el número telefónico ya que en muchos casos el código de área podría considerarse información útil para la extracción de significado, pero es definitivamente el criterio del desarrollador el que determinará el estado 1FN de un conjunto de tablas.

1FN:

Cod Ejemplar	Mueble	Estante	Título Libro	Condición Libro	Nombre Autor	Apellido Autor	Editorial	Categoría	Estudiante	Fecha Préstamo	Fecha Devolución
214356	6	3	Sextante. Aventura en Rentabilidad	Excelente	Carlos	Andrade	McGraw Hill	Adminis	María Villaroel	5/6/2024	6/6/2024

Estudiante	Telefono
María Villaroel	414-4588969
María Villaroel	212-5875425

Al mirar las tablas podemos identificar que el principal problema ahora es la redundancia, por ejemplo, para registrar un préstamo de Darry Rojas de "Sextante. Aventura en Rentabilidad" tenemos que repetir en la hoja de Excel por n-sima vez los datos relativos a este título, incrementando sustancialmente la posibilidad de un error en el ingreso de los datos, podría entonces registrarse Darry Rojas o cualquier error de tipéo que estropee la consistencia y por tanto la extracción del significado.

La redundancia en este contexto, posteriormente veremos que el asunto de la redundancia no debe ser dogmático, hay momentos para ella, pero ahora se convierte en un problema para el mantenimiento; hacer una modificación sobre el estudiante Darry Rojas se convertiría en una situación retadora para mantener la integridad.

Veamos la misma data (abajo) pero ordenada por el atributo: código del ejemplar (Cod Ejemplar) observemos su comportamiento y entonces podemos ver que nada cambia mientras el Cod Ejemplar no cambia, este hecho nos debe hacer sospechar que el identificador unívoco del libro será una llave en el futuro esquema relacional, por esto le llamaremos "Clave Candidata".

Cod Ejemplar	Mueble	Estante	Título Libro	Condición Libro	Nombre Autor	Apellido Autor	Editorial	Categoría	Estudiante	Fecha Prestamo	Fecha Devolución
214356	6	3	Sextante. Aventura en Rentabilidad	Excelente	Carlos	Andrade	McGraw Hill	Adminis	Maria Villaroel	5/6/2024	6/6/2024
214356	6	3	Sextante. Aventura en Rentabilidad	Excelente	Carlos	Andrade	McGraw Hill	Adminis	Jose Altuve	12/6/2024	23/6/2024
214356	6	3	Sextante. Aventura en Rentabilidad	Excelente	Carlos	Andrade	McGraw Hill	Adminis	Luis DaSilva	5/8/2019	11/8/2019
215879	5	4	Anillo de la mano de cambur	Regular	Raul	Brito	Amazon.com	Ficción	Luis DaSilva	5/8/2019	11/8/2019
215879	5	4	Anillo de la mano de cambur	Regular	Raul	Brito	Amazon.com	Ficción	Carlos Vasquez	15/8/2019	22/8/2019
458445	2	5	El vuelo del rinoceronte	Bueno	Marco	DiBlasio	Edice	Novela	José Altuve	2/11/2023	4/1/2024
458445	2	5	El vuelo del rinoceronte	Bueno	Marco	DiBlasio	Edice	Novela	Benigno Alarcon	6/3/2005	14/3/2005
587454	2	4	Los Ferieros de Tachira	Bueno	Mauricio	Fernandez	Amazon.com	Novela	Luis DaSilva	5/8/2019	11/8/2019
587454	2	4	Los Ferieros de Tachira	Bueno	Mauricio	Fernandez	Amazon.com	Novela	Darry Rojas	5/10/2022	##########
587454	2	4	Los Ferieros de Tachira	Bueno	Mauricio	Fernandez	Amazon.com	Novela	Luis DaSilva	5/5/2020	10/5/2020

Ahora, para llegar a la segunda forma normal separaremos las "presuntas" tablas donde la dependencia de la "Clave Candidata" no sea completa, al primer cambio presentado, como puede verse arriba sombreado.

Una forma práctica para obtener esta conclusión es ordenar la tabla por la "Clave Candidata" o "Presunta Clave" y proponerse una tabla cuando los valores cambien, es decir, no dependan de la clave.

La definición formal de 2FN puede enunciarse así, para considerar un conjunto de tablas en 2FN estas deben estar en 1FN y cada atributo debe depender de la clave principal en cada tabla.

2FN:

Cod Ejemplar	Mueble	Estante	Título Libro	Condición Libro	Nombre Autor	Apellido Autor	Editorial	Categoría
214356	6	3	Sextante. Aventura en Rentabilidad	Excelente	Carlos	Andrade	McGraw Hill	Adminis
214356	6	3	Sextante. Aventura en Rentabilidad	Excelente	Carlos	Andrade	McGraw Hill	Adminis
214356	6	3	Sextante. Aventura en Rentabilidad	Excelente	Carlos	Andrade	McGraw Hill	Adminis
215879	5	4	Anillo de la mano de cambur	Regular	Raul	Brito	Amazon.com	Ficción

Luego al identificar que el estudiante no depende de la clave candidata (Cod Ejemplar) se propone una nueva tabla "Estudiante" con una nueva clave candidata (Cod Estudiante)

Cod Estudiante	Estudiante
1	Maria Villaroel
2	Jose Altuve
3	Luis DaSilva

De igual forma una nueva tabla, debido a la no dependencia de las claves anteriores de los correspondientes valores de una tabla "Préstamo", teniendo mucho cuidado en este paso de conservar el significado, es decir, un préstamo debe registrar al estudiante que lo solicitó, el ejemplar involucrado (ambas claves foráneas en el esquema relacional) y las fechas correspondientes.

Cod Estudiante	Cod Ejemplar	Fecha Prestamo	Fecha Devolución
1	214356	5/6/2024	6/6/2024
2	214356	12/6/2024	23/6/2024
3	214356	5/8/2019	11/8/2019
4	215879	5/8/2019	11/8/2019
5	215879	15/8/2019	22/8/2019

Además, se hace necesaria la modificación de la tabla "Teléfonos" obtenida en la 1FN ya que el estudiante debe referenciarse ahora con su identificador unívoco (Cod Estudiante)

Estudiante	Teléfono
1	414-4588969
1	212-5875425
2	212-5487935
2	414-2687245

Hemos obtenido un conjunto de Tablas en 2FN, a saber: Ejemplar (Libro), Estudiante, Préstamo y Teléfono.

Ahora el enunciado formal para considerar un conjunto de tablas en 3FN se postula como sigue: El conjunto de estructuras en estudio debe estar en 2FN y no deben existir dependencias transitivas entre los atributos de las tablas o dependencias que no dependan (valga la redundancia) exclusivamente de la clave candidata.

La forma práctica de llegar a la 3FN consiste en que cada tabla contenga exclusivamente atributos descriptivos de un ente de la realidad que se modela, en nuestro ejemplo podemos sospechar que el Autor y el Editorial no dependen en realidad de la clave candidata de "Ejemplar" aunque los datos del ejemplo muestren lo contrario (debido muchas veces a que el ejemplo que analizamos no tiene suficientes datos).

El trabajo del desarrollador es imaginar los datos creciendo indefinidamente y las estructuras que está creando deben tener la capacidad de mantener el registro y significado de manera efectiva y eficiente.

3FN:

Cod Ejemplar	Mueble	Estante	Título Libro	Condición Libro	IDAutor	IDEditorial	Catergoría
214356	6	3	Sextante. Aventura en Rentabilidad	Excelente	1	1	Adminis
214356	6	3	Sextante. Aventura en Rentabilidad	Excelente	1	1	Adminis

IDAutor	Nombre Autor	Apellido Autor
1	Carlos	Andrade
2	Raul	Brito
3	Marco	DiBlasio

ID Editorial	Nombre Editorial
1	McGraw Hill
2	Amazon.com
3	Edice

ID Estudiante	Estudiante
1	Maria Villaroel
2	Jose Altuve
3	Luis DaSilva

ID Estudiante	Telefono
1	414-4588969
1	212-5875425
2	212-5487935
2	414-2687245
3	414-9523456

ID Préstamo	ID Estudiante	ID Ejemplar	Fecha Prestamo	Fecha Devolución
1	1	214356	5/6/2024	6/6/2024
2	2	214356	12/6/2024	23/6/2024
3	3	214356	5/8/2019	11/8/2019
4	4	215879	5/8/2019	11/8/2019
5	5	215879	15/8/2019	22/8/2019

Hemos obtenido en este proceso seis (6) tablas en 3FN que nos llevan directamente a una implementación relacional, en este proceso debemos estar atentos a las relaciones y la forma en que interactúan las tablas para guardar el significado que estamos modelando.

Veamos este modelo en el formato de esquema relacional.

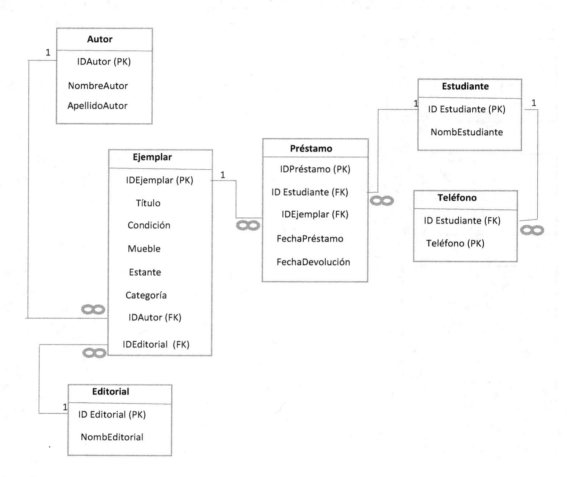

Nótese que en este diagrama se distinguen los atributos con las siglas PK (Primary Key) para las claves primarias (identificador unívoco – integridad simple) y FK (Foreign Key) para las claves foráneas (integridad referencial).

Un diseñador (desarrollador) tendrá entonces la libertad de un artista para interpretar la realidad en un modelo que contendrá los datos sobre los que las aplicaciones encontrarán la forma de satisfacer las especificaciones funcionales de los usuarios.

Fíjese que en este modelo un Autor puede estar asociado en la Base de Datos a muchos Ejemplares, pero un Ejemplar puede tener asociado sólo un Autor y eso es exactamente lo que el desarrollador quiso implementar.

Dranfen: Una pregunta profesor ¿cómo se comporta el modelo si un título tiene varios autores?

Gracias Dranfen por tu observación, efectivamente ocurre que varios autores co-escriban un libro (suelen llamarle escrito a cuatro manos, cuando dos autores desarrollan un libro juntos) pero este modelo no podrá atender esta circunstancia.

En el caso de una biblioteca poco sofisticada y pequeña, podríamos vivir con esta situación, pero lo lógico sería que esta relación sea implementada con una relación M a N, dando origen a una nueva tabla, hallar un equilibrio entre la solución de las necesidades inmediatas de nuestro usuario y plantear una solución que permita escalar (aumentar su alcance en el futuro) es clave y depende principalmente del criterio del modelador.

Es posible que una visión más amplia, enfocará la entidad "Libro" o "Título" para contener información propia del mismo y una entidad subordinada (mediante una relación 1 a N) de "Ejemplar" contenga detalles de ejemplar físico, como por ejemplo su ubicación, quizá esta versión se adapte mejor en una biblioteca donde existan gran cantidad de ejemplares y se requiera un control más detallado y exhaustivo, pero en este caso podemos considerar satisfechas las expectativas de la señora Nola, nuestra queridísima bibliotecaria.

Ejercicios de Diseño de estructuras de Base de Datos usando los conceptos de Normalización.

2.- La Finca Ganadera.

En visita a la Finca Ganadera "El Pujío" nos dimos cuenta que el encargado lleva un registro de los ordeños diarios en una hoja de cálculo que funcionó para efectos prácticos durante años, pero con el crecimiento del rebaño se ha tornado completamente inoperativa.

En todo caso es muy importante registrar la fecha del ordeño y el vacuno correspondiente con sus características principales, como es por ejemplo el estado actual en que se encuentra cada vaca, si es de ordeño o si por el contrario pertenece al rebaño que no se está ordeñando (jorro, a saber: novillas, vacas preñadas o por preñarse), también es importante tener registro de la edad del animal.

Cada ordeño es realizado a un animal relacionado a su becerro y se llevará control de la cantidad de litros resultantes de este proceso cada día, cómo puede verse en la hoja de cálculo abajo, donde se lleva registro de qué ordeñador llevó a cabo esta tarea, un requerimiento relevante es que debe poder buscarse al mismo (ordeñador), tanto por el nombre, como por el alias.

Aunque se acostumbra que un vacuno sea atendido (ordeñado) por un trabajador específico, suele suceder que por días libres o eventualidades los animales correspondientes a un trabajador sean reasignados.

Cuando un animal nace en "El Pujío" se la asigna un código (numeración) que se aplicará en el herraje (proceso de tatuar al animal con el hierro) junto con la marca de la finca.

Codigo Vacuno	Estado	Vacuno	Edad	Codigo Becerro	Sexo Becerro	Fecha	Litros	Ordeñador
212	Ordeño	LindaMora	6	954	M	12/12/2023	9	Segundo Morles (Gundo)
212	Ordeño	LindaMora	6	954	M	13/12/2023	10	Segundo Morles (Gundo)
229	Ordeño	Monalisa	4	731	H	12/12/2023	12	José Perez (Morocho)
229	Ordeño	Monalisa	4	731	H	13/12/2023	9	José Perez (Morocho)
245	Ordeño	LunaNueva	5	865	H	12/12/2023	11	José Perez (Morocho)
245	Ordeño	LunaNueva	5	865	H	13/12/2023	8	José Perez (Morocho)
542	Ordeño	Mariposa	3	951	H	12/12/2023	7	José Perez (Morocho)
542	Ordeño	Mariposa	3	951	H	13/12/2023	11	José Perez (Morocho)
548	Jorro	MamaLincha	4	965	M	1/11/2023	5	José Perez (Morocho)
624	Ordeño	NubedeAgua	7	699	H	12/12/2023	10	Segundo Morles (Gundo)
624	Ordeño	NubedeAgua	7	699	H	13/12/2023	12	Segundo Morles (Gundo)
635	Jorro	Valle Verde	4	924	H	1/8/2023	6	Eduard Lugo (Merecure)
848	Jorro	CachoMocho	5	857	M	4/11/2023	11	Segundo Morles (Gundo)

Se espera de usted el conjunto de tablas en tercera forma normal (3FN) para su posterior implementación en una Base de Datos Relacional.

1FN:

Codigo Vacuno	Estado	Vacuno	Edad	Codigo Becerro	Sexo Becerro	Fecha	Litros	Ordeñador	Alias
212	Ordeño	LindaMora	6	954	M	12/12/2023	9	Segundo Morles	Gundo
212	Ordeño	LindaMora	6	954	M	13/12/2023	10	Segundo Morles	Gundo
229	Ordeño	Monalisa	4	731	H	12/12/2023	12	José Perez	Morocho
229	Ordeño	Monalisa	4	731	H	13/12/2023	9	José Perez	Morocho
245	Ordeño	LunaNueva	5	865	H	12/12/2023	11	José Perez	Morocho
245	Ordeño	LunaNueva	5	865	H	13/12/2023	8	José Perez	Morocho
542	Ordeño	Mariposa	3	951	H	12/12/2023	7	José Perez	Morocho
542	Ordeño	Mariposa	3	951	H	13/12/2023	11	José Perez	Morocho
548	Jorro	MamaLincha	4	965	M	1/11/2023	5	José Perez	Morocho
624	Ordeño	NubedeAgua	7	699	H	12/12/2023	10	Segundo Morles	Gundo
624	Ordeño	NubedeAgua	7	699	H	13/12/2023	12	Segundo Morles	Gundo
635	Jorro	Valle Verde	4	924	H	1/8/2023	6	Eduard Lugo	Merecure
848	Jorro	CachoMocho	5	857	M	4/11/2023	11	Segundo Morles	Merecure

En este caso abordaremos la 1FN de acuerdo a su definición eliminando los datos que a criterio del desarrollador no sean atómicos, entonces debido a que las especificaciones son concretas con referencia a que el ordeñador puede ser ubicado por nombre o por alias, el atributo ordeñador contenía en realidad significado de dos atributos y esta condición debe ser eliminada en el 1FN.

Dranfen: Pero en el ejercicio de la Bibliotecaria usamos un criterio diferente al abordar 1FN, Profesor en definitiva ¿Cuál debemos usar?

Si, Dranfen entiendo tu punto, pero en realidad es el mismo criterio "los atributos deben ser atómicos para que el objeto esté en 1FN"; en el caso de la Bibliotecaria teníamos un atributo multivaluado que ocupaba 2 columnas y en el caso de la Finca Ganadera un atributo que contenía tanto al nombre como al alias.

En cualquier caso, usaremos para este mismo criterio ambas estrategias hasta conseguir que los atributos sean atómicos como exige la regla.

2FN:

Codigo Vacuno	Estado	Vacuno	Edad	Codigo Becerro	Sexo Becerro	Fecha	Litros	Ordeñador	Alias
212	Ordeño	LindaMora	6	954	M	12/12/2023	9	Segundo Morles	Gundo
212	Ordeño	LindaMora	6	954	M	13/12/2023	10	Segundo Morles	Gundo
229	Ordeño	Monalisa	4	731	H	12/12/2023	12	José Perez	Morocho
229	Ordeño	Monalisa	4	731	H	13/12/2023	9	José Perez	Morocho
245	Ordeño	LunaNueva	5	865	H	12/12/2023	11	José Perez	Morocho
245	Ordeño	LunaNueva	5	865	H	13/12/2023	8	José Perez	Morocho
542	Ordeño	Mariposa	3	951	H	12/12/2023	7	José Perez	Morocho
542	Ordeño	Mariposa	3	951	H	13/12/2023	11	José Perez	Morocho
548	Jorro	MamaLincha	4	965	M	1/11/2023	5	José Perez	Morocho
624	Ordeño	NubedeAgua	7	699	H	12/12/2023	10	Segundo Morles	Gundo
624	Ordeño	NubedeAgua	7	699	H	13/12/2023	12	Segundo Morles	Gundo
635	Jorro	Valle Verde	4	924	H	1/8/2023	6	Eduard Lugo	Merecure
848	Jorro	CachoMocho	5	857	M	4/11/2023	11	Segundo Morles	Gundo

Esta tabla aún en 1FN nos deja ver que el conjunto sombreado está determinado por el código del vacuno (clave candidata o sospechosa) y al cambiar los atributos dependientes cambian, pero la fecha parece independiente del gobierno del atributo CodigoVacuno, lo que hace sospechar de inmediato que el siguiente objeto es el Ordeño.

Vacuno:

Codigo Vacuno	Estado	Vacuno	Edad	Codigo Becerro	Sexo Becerro
212	Ordeño	LindaMora	6	954	M
229	Ordeño	Monalisa	4	731	H
245	Ordeño	LunaNueva	5	865	H
542	Ordeño	Mariposa	3	951	H
548	Jorro	MamaLincha	4	965	M
624	Ordeño	NubedeAgua	7	699	H
635	Jorro	Valle Verde	4	924	H
848	Jorro	CachoMocho	5	857	M

Eliminando por completo la redundancia generada al mezclar ambos objetos en una misma estructura.

Ordeño:

CodOrdeño	Fecha	Litros	Ordeñador	Alias	Codigo Vacuno
1	12/12/2023	9	Segundo Morles	Gundo	212
2	13/12/2023	10	Segundo Morles	Gundo	212
3	12/12/2023	12	José Perez	Morocho	229
4	13/12/2023	9	José Perez	Morocho	229
5	12/12/2023	11	José Perez	Morocho	245
6	13/12/2023	8	José Perez	Morocho	245
7	12/12/2023	7	José Perez	Morocho	542
8	13/12/2023	11	José Perez	Morocho	542
9	1/11/2023	5	José Perez	Morocho	548
10	12/12/2023	10	Segundo Morles	Gundo	624
11	13/12/2023	12	Segundo Morles	Gundo	624
12	1/8/2023	6	Eduard Lugo	Merecure	635
13	4/11/2023	11	Segundo Morles	Gundo	848

Aparecen la clave principal de Ordeño y Cod Vacuno como clave foránea en el objeto ordeño.

Entonces, retomando la definición formal de 2FN: "para considerar un conjunto de tablas en 2FN estas deben estar en 1FN y cada atributo debe depender de la clave principal en cada tabla"

Podríamos considerar completa la segunda forma normal (2FN) con la aparición de dos objetos relacionales (tablas)

3FN:

Recordemos la definición formal de 3FN: "El conjunto de estructuras en estudio debe estar en 2FN y no deben existir dependencias transitivas entre los atributos de las tablas o dependencias que no dependan exclusivamente de la clave candidata." Y la estrategia práctica para llegar a este estado; las tablas deben contener atributos relacionados "exclusivamente" al objeto que representan.

La propuesta sería entonces:

Vacuno:

Codigo Vacuno	Estado	Vacuno	Edad
212	Ordeño	LindaMora	6
229	Ordeño	Monalisa	4
245	Ordeño	LunaNueva	5
542	Ordeño	Mariposa	3
548	Jorro	MamaLincha	4
624	Ordeño	NubedeAgua	7
635	Jorro	Valle Verde	4
848	Jorro	CachoMocho	5

Becerro:

Codigo Becerro	Sexo Becerro
954	M
731	H
865	H
951	H
965	M
699	H
924	H
857	M

Aunque hemos dicho antes que debemos modelar lo que está dentro de las especificaciones de nuestros clientes y no con nuestras expectativas, encontrar el equilibrio para obtener una estructura más escalable, sería lo correcto, así que la sugerencia de registrar la fecha de nacimiento del becerro y algunos otros datos que le caractericen ayudaría mucho a obtener un modelo sólido y conveniente, involucrando adecuadamente al usuario y permitiendo en todo caso que tenga la última palabra.

Ordeño:

CodOrdeño	Fecha	Litros	Codigo Vacuno	Cédula Ordeñador
1	12/12/2023	9	212	598342
2	13/12/2023	10	212	598342
3	12/12/2023	12	229	845992
4	13/12/2023	9	229	845992
5	12/12/2023	11	245	845992
6	13/12/2023	8	245	845992
7	12/12/2023	7	542	845992
8	13/12/2023	11	542	845992
9	1/11/2023	5	548	845992
10	12/12/2023	10	624	598342
11	13/12/2023	12	624	598342
12	1/8/2023	6	635	485968
13	4/11/2023	11	848	598342

Añadiendo a este objeto central del modelo una nueva clave foránea, Cédula Ordeñador para contener la información completa del proceso.

Ordeñador:

Cédula Ordeñador	Ordeñador	Alias
598342	Segundo Morles	Gundo
845992	José Perez	Morocho
485968	Eduard Lugo	Merecure

3.- Productos La Nacional

Nos acaba de contactar el dueño de la tienda de Productos de Limpieza La Nacional para que le ayudemos a implementar un sistema de facturación que le permita registrar el movimiento de sus ventas efectivamente ya que la forma en que vienen llevando este control está resultando poco efectiva y se espera la introducción de nuevas líneas de producto y un sustancial aumento de las transacciones.

A continuación, una sección del registro actual:

ID Fact	Fecha	Cod Cliente	NombCli	Dirección Cliente	TlfCli	ID Lin	Cant	ID Prod	DescProd	Precio Unit	TotLin	IVA	Import e $
1442	12/3/2023	9387	Juana Canal	Pedernales del Sur 1438. Caracas	43-2-664455	1	3	5455	Shampoo Anticaspa CabezaLim	2,39	7,17	1,15	21,07
1442	12/3/2023	9387	Juana Canal	Pedernales del Sur 1438. Caracas	43-2-664455	2	2	8759	Jabon Limpiecito	1,12	2,24	0,36	21,07
1442	12/3/2023	9387	Juana Canal	Pedernales del Sur 1438. Caracas	43-2-664455	3	1	7386	Servilletas Mancholita	2,11	2,11	0,34	21,07
1442	12/3/2023	9387	Juana Canal	Pedernales del Sur 1438. Caracas	43-2-664455	4	2	8373	Lavaplatos Quitamestagrasa	3,32	6,64	1,06	21,07
1443	11/4/2023	7655	Sergio Orestes	Av. Macarao. 1639. Maracay	98-8-847460	5	1	8759	Jabon Limpiecito	1,12	1,12	0,18	1,30
1444	11/4/2023	5049	Barbara Jules	Calle Los Cedros 123. Caracas	87-6-695346	6	5	5457	Desinfectante Mas	5,25	26,25	4,20	41,90
1444	11/4/2023	5049	Barbara Jules	Calle Los Cedros 123. Caracas	87-6-695346	7	1	7386	Servilletas Mancholita	2,11	2,11	0,34	41,90
1444	11/4/2023	5049	Barbara Jules	Calle Los Cedros 123. Caracas	87-6-695346	8	2	8373	Lavaplatos Quitamestagrasa	3,32	6,64	1,06	41,90
1444	11/4/2023	5049	Barbara Jules	Calle Los Cedros 123. Caracas	87-6-695346	9	1	8759	Jabon Limpiecito	1,12	1,12	0,18	41,90
1445	12/4/2023	2397	Marco Negrin	Av. Los Mangos. 28 Norte. Maracay	63-6-788424	10	2	9876	Quitamanchas Pulcritol	4,4	8,80	1,41	16,30
1445	12/4/2023	2397	Marco Negrin	Av. Los Mangos. 28 Norte. Maracay	63-6-788424	11	1	5457	Desinfectante Mas	5,25	5,25	0,84	16,30
1446	15/4/2023	8764	Luis Briceño	Calle El Morrocoy. 4378. Caracas	78-3-768532	12	2	7665	Crema Dental Carietona	2,97	5,94	0,95	44,10
1446	15/4/2023	8764	Luis Briceño	Calle El Morrocoy. 4378. Caracas	78-3-768532	13	3	7674	Desengrasante El Obeso	3,23	9,69	1,55	44,10
1446	15/4/2023	8764	Luis Briceño	Calle El Morrocoy. 4378. Caracas	78-3-768532	14	2	5457	Desinfectante Mas	5,25	10,50	1,68	44,10
1446	15/4/2023	8764	Luis Briceño	Calle El Morrocoy. 4378. Caracas	78-3-768532	15	3	7386	Servilletas Mancholita	2,11	6,33	1,01	44,10
1446	15/4/2023	8764	Luis Briceño	Calle El Morrocoy. 4378. Caracas	78-3-768532	16	1	8373	Lavaplatos Quitamestagrasa	3,32	3,32	0,53	44,10
1446	15/4/2023	8764	Luis Briceño	Calle El Morrocoy. 4378. Caracas	78-3-768532	17	2	8759	Jabon Limpiecito	1,12	2,24	0,36	44,10

El señor Juan (propietario de La Nacional) nos indica que existen dos tiendas, una en Caracas y otra en Maracay y que es necesario poder llevar control de las ventas de cada sucursal individualmente sin perder la posibilidad de observar un consolidado.

Lo que se espera de usted es una propuesta para el conjunto y la estructura de las tablas en 3FN obtenida mediante un proceso de normalización que soporte la algorítmica correspondiente y que minimice la redundancia actual.

1FN:

ID Fact	Fecha	Cod Cliente	NombCli	Dirección Cliente	Ciudad	TlfCli	ID Lin	Cant	ID Prod	DescProd	Precio Unit	TotLin	IVA	Importe $
1442	12/3/2023	9387	Juana Canal	Pedernales del Sur 1438	Caracas	43-2-664455	1	3	5455	Shampoo Anticaspa CabezaLim	2,39	7,17	1,15	21,07
1442	12/3/2023	9387	Juana Canal	Pedernales del Sur 1438	Caracas	43-2-664455	2	2	8759	Jabon Limpiecito	1,12	2,24	0,36	21,07
1442	12/3/2023	9387	Juana Canal	Pedernales del Sur 1438	Caracas	43-2-664455	3	1	7386	Servilletas Mancholita	2,11	2,11	0,34	21,07
1442	12/3/2023	9387	Juana Canal	Pedernales del Sur 1438	Caracas	43-2-664455	4	2	8373	Lavaplatos Quitamestagrasa	3,32	6,64	1,06	21,07
1443	11/4/2023	7655	Sergio Orestes	Av. Macarao. 1639	Maracay	98-8-847460	5	1	8759	Jabon Limpiecito	1,12	1,12	0,18	1,30
1444	11/4/2023	5049	Barbara Jules	Calle Los Cedros 123	Caracas	87-6-695346	6	5	5457	Desinfectante Mas	5,25	26,25	4,20	41,90
1444	11/4/2023	5049	Barbara Jules	Calle Los Cedros 123	Caracas	87-6-695346	7	1	7386	Servilletas Mancholita	2,11	2,11	0,34	41,90
1444	11/4/2023	5049	Barbara Jules	Calle Los Cedros 123	Caracas	87-6-695346	8	2	8373	Lavaplatos Quitamestagrasa	3,32	6,64	1,06	41,90
1444	11/4/2023	5049	Barbara Jules	Calle Los Cedros 123	Caracas	87-6-695346	9	1	8759	Jabon Limpiecito	1,12	1,12	0,18	41,90
1445	12/4/2023	2397	Marco Negrin	Av. Los Mangos. 28 Norte	Maracay	63-6-788424	10	2	9876	Quitamanchas Pulcritol	4,4	8,80	1,41	16,30
1445	12/4/2023	2397	Marco Negrin	Av. Los Mangos. 28 Norte	Maracay	63-6-788424	11	1	5457	Desinfectante Mas	5,25	5,25	0,84	16,30
1446	15/4/2023	8764	Luis Briceño	Calle El Morrocoy. 4378	Caracas	78-3-768532	12	2	7665	Crema Dental Carietona	2,97	5,94	0,95	44,10
1446	15/4/2023	8764	Luis Briceño	Calle El Morrocoy. 4378	Caracas	78-3-768532	13	3	7674	Desengrasante El Obeso	3,23	9,69	1,55	44,10
1446	15/4/2023	8764	Luis Briceño	Calle El Morrocoy. 4378	Caracas	78-3-768532	14	2	5457	Desinfectante Mas	5,25	10,50	1,68	44,10
1446	15/4/2023	8764	Luis Briceño	Calle El Morrocoy. 4378	Caracas	78-3-768532	15	3	7386	Servilletas Mancholita	2,11	6,33	1,01	44,10
1446	15/4/2023	8764	Luis Briceño	Calle El Morrocoy. 4378	Caracas	78-3-768532	16	1	8373	Lavaplatos Quitamestagrasa	3,32	3,32	0,53	44,10
1446	15/4/2023	8764	Luis Briceño	Calle El Morrocoy. 4378	Caracas	78-3-768532	17	2	8759	Jabon Limpiecito	1,12	2,24	0,36	44,10

Esta propuesta consiste en considerar que el campo Dirección Cliente incluía en su significado a la ciudad, que como requisito explícito del cliente requiere control en los algoritmos de servicio de sistema, por tanto, se separa la Ciudad del campo Dirección del Cliente.

En este conjunto de datos no se identifican atributos multivaluados.

2FN:

ID Fact	Fecha	Cod Cliente	NombCli	Dirección Cliente	Ciudad	TlfCli	ID Lin	Cant	ID Prod	DescProd	Precio Unit	TotLin	IVA	Importe $
1442	12/3/2023	9387	Juana Canal	Pedernales del Sur 1438	Caracas	43-2-664455	1	3	5455	Shampoo Anticaspa CabezaLim	2,39	7,17	1,15	21,07
1442	12/3/2023	9387	Juana Canal	Pedernales del Sur 1438	Caracas	43-2-664455	2	2	8759	Jabon Limpiecito	1,12	2,24	0,36	21,07
1442	12/3/2023	9387	Juana Canal	Pedernales del Sur 1438	Caracas	43-2-664455	3	1	7386	Servilletas Mancholita	2,11	2,11	0,34	21,07
1442	12/3/2023	9387	Juana Canal	Pedernales del Sur 1438	Caracas	43-2-664455	4	2	8373	Lavaplatos Quitamestagrasa	3,32	6,64	1,06	21,07
1443	11/4/2023	7655	Sergio Orestes	Av. Macarao. 1639	Maracay	98-8-847460	5	1	8759	Jabon Limpiecito	1,12	1,12	0,18	1,30
1444	11/4/2023	5049	Barbara Jules	Calle Los Cedros 123	Caracas	87-6-695346	6	5	5457	Desinfectante Mas	5,25	26,25	4,20	41,90
1444	11/4/2023	5049	Barbara Jules	Calle Los Cedros 123	Caracas	87-6-695346	7	1	7386	Servilletas Mancholita	2,11	2,11	0,34	41,90
1444	11/4/2023	5049	Barbara Jules	Calle Los Cedros 123	Caracas	87-6-695346	8	2	8373	Lavaplatos Quitamestagrasa	3,32	6,64	1,06	41,90
1444	11/4/2023	5049	Barbara Jules	Calle Los Cedros 123	Caracas	87-6-695346	9	1	8759	Jabon Limpiecito	1,12	1,12	0,18	41,90
1445	12/4/2023	2397	Marco Negrin	Av. Los Mangos. 28 Norte	Maracay	63-6-788424	10	2	9876	Quitamanchas Pulcritol	4,4	8,80	1,41	16,30
1445	12/4/2023	2397	Marco Negrin	Av. Los Mangos. 28 Norte	Maracay	63-6-788424	11	1	5457	Desinfectante Mas	5,25	5,25	0,84	16,30
1446	15/4/2023	8764	Luis Briceño	Calle El Morrocoy. 4378	Caracas	78-3-768532	12	2	7665	Crema Dental Carietona	2,97	5,94	0,95	44,10
1446	15/4/2023	8764	Luis Briceño	Calle El Morrocoy. 4378	Caracas	78-3-768532	13	3	7674	Desengrasante El Obeso	3,23	9,69	1,55	44,10
1446	15/4/2023	8764	Luis Briceño	Calle El Morrocoy. 4378	Caracas	78-3-768532	14	2	5457	Desinfectante Mas	5,25	10,50	1,68	44,10
1446	15/4/2023	8764	Luis Briceño	Calle El Morrocoy. 4378	Caracas	78-3-768532	15	3	7386	Servilletas Mancholita	2,11	6,33	1,01	44,10
1446	15/4/2023	8764	Luis Briceño	Calle El Morrocoy. 4378	Caracas	78-3-768532	16	1	8373	Lavaplatos Quitamestagrasa	3,32	3,32	0,53	44,10
1446	15/4/2023	8764	Luis Briceño	Calle El Morrocoy. 4378	Caracas	78-3-768532	17	2	8759	Jabon Limpiecito	1,12	2,24	0,36	44,10

Cómo hemos visto ID Fact es un atributo sospechoso de ser un identificador univoco de uno de los objetos que el modelo representará, así que observando los datos que no cambian mientras él (el valor de ID Fact observado, en este caso 1442) podemos asumir una dependencia funcional y en consecuencia desde el atributo Id Lin podemos sospechar la inexistencia de la misma.

Entonces, de acuerdo a nuestra definición, 2FN consiste en estar en 1FN y que los atributos que no son clave primaria dependan completamente de ella.

ID Fact	Fecha	Cod Cliente	NombCli	Dirección Cliente	Ciudad	TlfCli
1442	12/3/2023	9387	Juana Canal	Pedernales del Sur 1438	Caracas	43-2-664455
1443	11/4/2023	7655	Sergio Orestes	Av. Macarao. 1639	Maracay	98-8-847460
1444	11/4/2023	5049	Barbara Jules	Calle Los Cedros 123	Caracas	87-6-695346
1445	12/4/2023	2397	Marco Negrin	Av. Los Mangos. 28 Norte	Maracay	63-6-788424
1446	15/4/2023	8764	Luis Briceño	Calle El Morrocoy. 4378	Caracas	78-3-768532

Este primer objeto identificado, lo vamos a denominar Facturas o "Encabezado de la Factura". (arriba) donde se guarda el "significado general de cada venta"

Y luego (abajo) el "Detalle de la Factura" o Línea desde donde podemos diferenciar el detalle de cada venta (cada producto involucrado en la venta con sus características)

ID Fact	ID Lin	Cant	ID Prod	DescProd	Precio Unit	TotLin	IVA		Importe $
1442	1	3	5455	Shampoo Anticaspa CabezaLim	2,39	7,17	1,15	8,32	21,07
1442	2	2	8759	Jabon Limpiecito	1,12	2,24	0,36	2,60	21,07
1442	3	1	7386	Servilletas Mancholita	2,11	2,11	0,34	2,45	21,07
1442	4	2	8373	Lavaplatos Quitamestagrasa	3,32	6,64	1,06	7,70	21,07
1443	5	1	8759	Jabon Limpiecito	1,12	1,12	0,18	1,30	1,30
1444	6	5	5457	Desinfectante Mas	5,25	26,25	4,20	30,45	41,90
1444	7	1	7386	Servilletas Mancholita	2,11	2,11	0,34	2,45	41,90
1444	8	2	8373	Lavaplatos Quitamestagrasa	3,32	6,64	1,06	7,70	41,90
1444	9	1	8759	Jabon Limpiecito	1,12	1,12	0,18	1,30	41,90
1445	10	2	9876	Quitamanchas Pulcritol	4,4	8,80	1,41	10,21	16,30
1445	11	1	5457	Desinfectante Mas	5,25	5,25	0,84	6,09	16,30
1446	12	2	7665	Crema Dental Carietona	2,97	5,94	0,95	6,89	44,10
1446	13	3	7674	Desengrasante El Obeso	3,23	9,69	1,55	11,24	44,10
1446	14	2	5457	Desinfectante Mas	5,25	10,50	1,68	12,18	44,10
1446	15	3	7386	Servilletas Mancholita	2,11	6,33	1,01	7,34	44,10
1446	16	1	8373	Lavaplatos Quitamestagrasa	3,32	3,32	0,53	3,85	44,10
1446	17	2	8759	Jabon Limpiecito	1,12	2,24	0,36	2,60	44,10

Este movimiento que hemos hecho (mover la clave candidata de la tabla Encabezado de Factura) *como parte* de la clave primaria de Detalle de Factura y a la vez como candidata a Clave Foránea en el futuro esquema relacional, nos permite cumplir con las reglas 2FN.

3FN:

Definición, el conjunto de tablas debe estar en 2FN y no deben existir dependencias transitivas, si vemos con cuidado la tabla de Encabezado de Factura podremos ver que el nombre y la dirección del cliente dependen en realidad del Código del Cliente y no del Identificador de la factura, del cual en realidad dependen transitivamente; si el ejemplo tuviera más datos podríamos observarlo más claramente ya que si por ejemplo la señora Juana Canal (9387) realizara una nueva compra se podría notar de inmediato la independencia con respecto a la clave candidata.

Entonces la propuesta sería, dividir la primera tabla en dos objetos:

Encabezado de Facturas

PK		*FK*
ID Fact	Fecha	Cod Cliente
1442	12/3/2023	9387
1443	11/4/2023	7655
1444	11/4/2023	5049
1445	12/4/2023	2397
1446	15/4/2023	8764

Clientes

PK				
Cod Cliente	NombCli	Dirección Cliente	Ciudad	TlfCli
9387	Juana Canal	Pedernales del Sur 1438	Caracas	43-2-664455
7655	Sergio Orestes	Av. Macarao. 1639	Maracay	98-8-847460
5049	Barbara Jules	Calle Los Cedros 123	Caracas	87-6-695346
2397	Marco Negrin	Av. Los Mangos. 28 Norte	Maracay	63-6-788424
8764	Luis Briceño	Calle El Morrocoy. 4378	Caracas	78-3-768532

Ahora al observar cuidadosamente la tabla Detalle de Factura (2FN), podemos notar la misma situación, en este caso con respecto a los productos, aunque en la propuesta la clave candidata de Detalle de Factura está compuesta por los campos: ID Fact e ID Lin, la descripción del producto y su precio unitario dependen directamente del Id Prod y sólo transitivamente de la clave candidata original; así derivamos 2 nuevas tablas propuestas:

Producto:

PK

ID Prod	DescProd	Precio Unit
5455	Shampoo Anticaspa CabezaLim	2,39
8759	Jabon Limpiecito	1,12
7386	Servilletas Mancholita	2,11
8373	Lavaplatos Quitamestagrasa	3,32
8759	Jabon Limpiecito	1,12
5457	Desinfectante Mas	5,25
7386	Servilletas Mancholita	2,11
8373	Lavaplatos Quitamestagrasa	3,32
8759	Jabon Limpiecito	1,12
9876	Quitamanchas Pulcritol	4,4
5457	Desinfectante Mas	5,25
7665	Crema Dental Carietona	2,97
7674	Desengrasante El Obeso	3,23
5457	Desinfectante Mas	5,25
7386	Servilletas Mancholita	2,11
8373	Lavaplatos Quitamestagrasa	3,32
8759	Jabon Limpiecito	1,12

Detalle de la Factura:

Es importante resaltar que ID Fact además de formar parte de la clave principal, es también una clave foránea que enlaza el Detalle de la Factura con el Encabezado de la misma.

Dependiendo del RDBMS en el que se esté implementando podría exigirse un identificador particular para la tabla Detalle de Factura, pero en todo caso este es un detalle de implementación.

Alguna bibliografía y enfoques prácticos usan la denominación de tabla Maestro (Encabezado) y tabla Esclava (Detalle) pero el uso de esta denominación no contradice en lo absoluto a las reglas relacionales, en todo caso nos previene a estar atentos a las restricciones de borrado.

Ahora quiero invitarles a observar que el atributo Importe $ en realidad no depende de la clave propuesta, sino que depende funcionalmente del ID Fact (su valor sólo cambia cuando el valor de ID Fact cambia); así que cambiaremos el mismo a donde corresponde que es la tabla de Encabezado de Factura.

FK

	PK		FK			
ID Fact	ID Lin	Cant	ID Prod	TotLin	IVA	Importe $
1442	1	3	5455	7,17	1,15	21,07
1442	2	2	8759	2,24	0,36	21,07
1442	3	1	7386	2,11	0,34	21,07
1442	4	2	8373	6,64	1,06	21,07
1443	5	1	8759	1,12	0,18	1,30
1444	6	5	5457	26,25	4,20	41,90
1444	7	1	7386	2,11	0,34	41,90
1444	8	2	8373	6,64	1,06	41,90
1444	9	1	8759	1,12	0,18	41,90
1445	10	2	9876	8,80	1,41	16,30
1445	11	1	5457	5,25	0,84	16,30
1446	12	2	7665	5,94	0,95	44,10
1446	13	3	7674	9,69	1,55	44,10
1446	14	2	5457	10,50	1,68	44,10
1446	15	3	7386	6,33	1,01	44,10
1446	16	1	8373	3,32	0,53	44,10
1446	17	2	8759	2,24	0,36	44,10

Otra decisión importante del diseñador es el hecho de colocar el IVA en la tabla, siendo ortodoxos en el tema del tratamiento de la redundancia esta debería ser eliminado ya que se trata de una campo calculado (o calculable) y podría generarse a partir del precio de la línea, pero definitivamente se relaciona con el contexto y debe evaluarse considerando los requerimientos de velocidad de respuesta, recursos de hardware disponible, necesidad de preservar la exactitud previendo un cambio en la tarifa de este impuesto (sería necesario el registro en el que efectivamente se causó este gravamen)

Un análisis parecido aplica para el campo Total Línea (TotLin).

Un concepto que es común encontrar en la práctica es la existencia de tablas que de acuerdo al criterio del diseñador no se justifica que existan en el esquema (look up tables), podría ser por su poca relevancia y debido al tamaño del modelo; son tablas de búsqueda donde se almacenan valores con muy pocos cambios previsibles por ejemplo ciudades, listas de unidades de negocio, etc.

Entonces las cuatro tablas propuestas en 3FN con sus relaciones expresadas en la notación de esquema relacional quedaría como sigue:

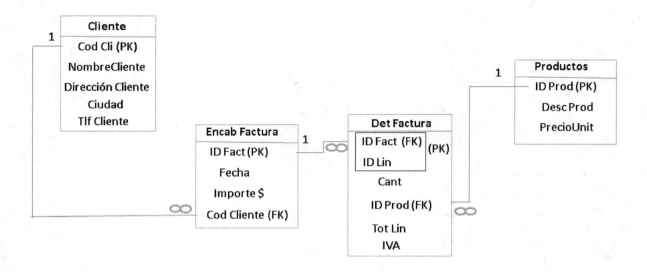

La Implementación Relacional del esquema

La evolución del mercado informático (de las soluciones comerciales a la administración de Bases de Datos) fue dando paso a un "acuerdo tácito" que terminó por convertirse en una plataforma estándar de la que se derivaron reglas y teorías que reforzaron el uso de los conceptos, además las casas desarrolladoras liberaron herramientas ceñidas a estos acuerdos que facilitaron este establecimiento.

Los Sistemas Manejadores de Bases de Datos Relacionales (RDBMS, siglas del inglés) dominaron el mercado en un periodo inusualmente largo (como algunas especies en el jurásico) permitiendo a la industria del desarrollo afianzar el estándar para atender una gama muy diversa de necesidades, en cuanto a capacidad de procesamiento, accesibilidad, manejo intuitivo, etc.

A riesgo de introducir en este texto una variable de caducidad, considerando la velocidad a la que la tecnología nos mantiene trabajando, por tanto, considero necesario mencionar algunas de las herramientas disponibles (RDBMS) en el mercado en esta segunda década del segundo milenio.

Algunas alternativas comerciales muy difundidas en el mercado se enfocan en segmentos de necesidad particulares como por ejemplo Oracle que ha servido de soporte a los grandes sistemas de apoyo a las operaciones, ERP por sus siglas en inglés (Entreprise Resource Planning) como SAP en las grandes corporaciones debido a su necesidad de procesar volúmenes muy grandes de transacciones.

Existe por supuesto un gran espectro de soluciones de nivel medio para las empresas y en el mercado han entrado y salido con relativo éxito (y sin él) aunque en la actualidad podemos mencionar la presencia de Odoo, es innumerable el conjunto de soluciones disponibles con enfoques particulares, sin mencionar los sistemas administrativos de una gama de procesamiento más pequeña, todas ellas delegando el manejo de la Base de Datos en un manejador relacional.

Otras herramientas de mediano rango, en el sentido de la capacidad de procesar volúmenes enormes se han enfocado en la facilidad de desarrollar soluciones en plataformas confiables como SQL Server, propiedad de Microsoft que ha servido a la industria en una infinidad de aplicaciones, igual que su versión de escritorio Microsoft Access, orientada al manejo intuitivo de los datos en el rango de escritorio; pasando por soluciones como MySQL, MariaDB, SQLite, IBM DB2 y PostgreSQL.

Un conjunto de opciones que va desde el procesamiento de datos muy voluminoso (millones de transacciones y registros – Big Data) pasando por soluciones enfocadas en la velocidad de respuesta hasta las enfocadas en las necesidades de los usuarios de escritorio, el ecosistema de los RDBMS es muy variado y extenso, pero ha evolucionado alrededor de la idea del estándar en lo conceptualmente relacional.

Dranfen: ¿Existen herramientas en el mercado que pudieran ser consideradas fuera del estándar Relacional?

Veamos esto con un ejemplo Dranfen, si definimos una categoría de carros mediante algunas reglas como que debe tener 4 ruedas y llevarnos de un lugar a otro, inmediatamente quedarán fuera todas las motos y todos los camiones, aunque quisiera argumentar que con mi moto puedo ir de un lugar a otro más rápida y eficientemente, las reglas de la categoría no permiten su inclusión.

Es igual para el caso de los RDBMS al definir las dos primeras reglas relacionales estoy dejando por fuera a todas las hojas de cálculo, entonces, aunque el usuario insista en que lleva su Base de Datos perfecta y eficientemente en una hoja de cálculo, se encuentra tan fuera de la categoría como cualquier moto en la categoría de los carros.

Normalmente recurro al ejemplo de los carros cuando surge la pregunta acerca de cuál es el mejor RDBMS; si usted va con su novia a una reunión en el centro de la ciudad donde el tráfico es muy fuerte y el espacio de estacionamiento es reducido, posiblemente su mejor opción es un Twingo de Reanult, pero si la reunión es dentro de varios días (su novia llevará una gran cantidad de equipaje) y quiere llevar a 3 sobrinitos, además debe recorrer una distancia considerable (cientos de kilómetros) quizá su mejor opción sea una Odyssey de Honda (la camioneta donde Deadpool y Wolverin pelean) esto hace que cada opción comercial tenga ventajas y desventajas en cada situación y que el mejor RDBMS dependa de la aplicación para la cual será usado.

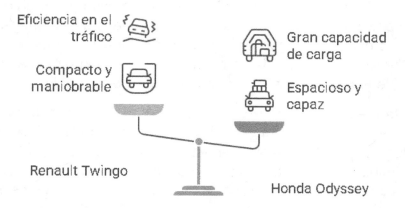

Elige el RDBMS adecuado para tu situación.

Por supuesto que en algunos casos será más conveniente un vehículo 4*4, por ejemplo, si nos dirigimos a una granja en una zona rural de difícil acceso y a veces un sedán lujoso, quizá cuando la reunión sea en hotel de lujo en una zona exclusiva de la ciudad; entonces la opción adecuada relación podría variar en su relación costo beneficio desde Oracle, para una gran carga de datos de una corporación internacional hasta Microsoft Access, si vamos a implementar una solución con muy pocas transacciones de un pequeño negocio, así dependiendo de las circunstancias, tendremos o no el RDBMS adecuado.

Ya en el momento de la implementación los objetos (Entidades y Relaciones) serán traducidos al manejador en tablas, de acuerdo a una serie de reglas que estaremos abordando.

La primera regla que ya mencionamos es la Integridad Simple y esta consiste en la garantía que presenta el manejador de que los elementos contenidos en cada tabla son únicos igual que en un conjunto, así los RDBMS implementan esta regla usando el concepto de clave primaria o llave primaria (literal del inglés, primary key), entonces al definir una tabla, escoger sus atributos y de acuerdo a la naturaleza de cada uno de ellos asignarle un tipo de datos particular, debemos indicar que aquel definido para no repetirse (identificador) es la clave principal.

La segunda regla relacional es la Integridad Referencial y para encontrarnos de nuevo con este concepto retomaremos el ejemplo de Empleados con Hijos que describimos antes y aquí el primer paso para llegar desde un modelo E/R a una implementación relacional, definiremos primero las entidades como tablas:

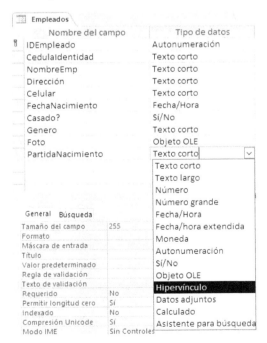

Observe que hemos creado en un "ambiente" gráfico la tabla de empleados con sus correspondientes atributos y de acuerdo a la naturaleza de cada uno de ellos, definido su tipo de datos; por ejemplo, el identificador de Empleado que resulta ser una identidad irrepetible de cada individuo (como podría ser la cédula de identidad o documento de identidad) se creó como AutoNumérico que es un tipo numérico en realidad, que el sistema incrementará automáticamente.

Este concepto de Autonumérico es sólo un servicio que este manejador pone a disposición del desarrollador para facilitarle la generación de los números, pero en realidad el tipo de datos asociado es numérico.

Este atributo en particular tiene la singular característica de estar identificado como clave primaria, por eso a la izquierda del mismo podemos ver una pequeña llave que lo distingue como llave primaria (primary key) herramienta mediante la cual los manejadores implementan la integridad simple.

Así la dirección y el celular responden al mismo criterio, pero la fecha de nacimiento se designa como tipo fecha ya que el software permite agregar a este tipo de datos una serie de servicios propios de su naturaleza (despliegue en un calendario, suma de días hábiles, días entre fechas, etc.)

Siempre depende del RDBMS la particular implementación de los tipos de datos, existiendo una gran variedad de los mismos, cómo podemos ver en el ejemplo, booleanos (sí o no), OLE (objetos embebidos), enlaces externos, etc.

Aunque los RDBMS más importantes en el mercado, tienen una marcada adhesión al estándar existen ligeras diferencias en la sintaxis usada para las definiciones particulares, pero conceptualmente son equivalentes.

El conjunto de estándares más importante en la industria relacional es el lenguaje de manipulación de los datos (DML por sus siglas en ingles), SQL por sus siglas en inglés (Structured Query Language) que agrupa el conjunto de sentencias básicas que permiten recuperar los datos almacenados en estructuras temporales (querys) de acuerdo a la necesidad y especificaciones dadas.

Existe también una sección del estándar (SQL) para el lenguaje de definición de los datos (DDL por sus siglas en inglés) que permite mediante comando específicos (por ejemplo para la creación de tablas CREATE TABLE () con sus correspondientes parámetros para la definición de sus atributos, tipos de datos y restricciones) hacer la definición completa de las estructuras que acabamos de definir gráficamente, sobre el estándar, sus características técnicas, naturaleza y capacidades es posible y abundaremos más adelante en este documento.

Siguiendo en el desarrollo del ejemplo "Empleados – Hijos" definiremos también gráficamente la tabla HijoEmpleado:

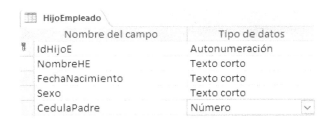

Observe la identificación del atributo IDHijoE como Clave Primaria (primary key) y luego los atributos descriptores, en esta imagen podemos ver el atributo CédulaPadre (identificador del Padre) que resulta ser una referencia de la tabla Empleado (IDEmpleado), este atributo es una Clave Foránea. (FK – Foreing Key)

Así la Integridad Referencial consiste en que el RDBMS garantice el hecho de que cuando un valor de IDPadre sea introducido exista un valor correspondiente en la tabla de Empleado; es decir, si se intenta introducir el valor de IDPadre: 233324, por ejemplo… y ese valor no existe en la tabla de Empleado, el RDBMS no permitirá su registro.

Valiéndonos nuevamente de la interfaz gráfica del RDBMS podemos ver la definición de la integridad referencial en el esquema correspondiente:

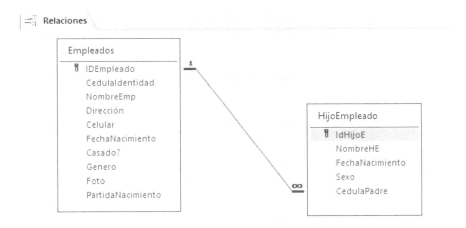

Esto es en principio un dibujo de nuestras dos tablas, pero nos deja ver una particularidad muy importante de la implementación relacional de un E/R, fíjese bien que la relación "Tiene" que originalmente habíamos definido desapareció y fue sustituida en este caso por la Clave Foránea (Foreign Key) representada por CédulaPadre en la tabla HijoEmpleado que se establece en la relación CédulaPadre e IDEmpleado. Note que en este caso IDEmpleado y CedulaPadre, siendo el mismo campo (es decir, contiene los mismos valores) no tiene necesariamente que llamarse igual.

Podemos considerar entonces que una regla de implementación es que la conversión de una relación cuya cardinalidad es 1 a N (uno a muchos) consiste en la definición de una clave foránea en la tabla hija (aquella donde la cardinalidad es N).

Como hemos dicho la implementación puede tener ligeras variaciones de sintaxis dependiendo del RDBMS en el que estemos trabajando, pero responderán al mismo principio.

Una característica particular de la implementación de la Integridad Referencial es la estrategia de borrado en cada relación y este abordaje, por supuesto que depende las particularidades del modelo, pero veamos un ejemplo de lo que se quiere decir:

Si un trabajador deja de formar parte de la Base de Datos (será eliminado) esta situación puede tratarse básicamente de 3 formas:

1.- Borrar en cascada los registros relacionados, al borrar un empleado "X" de la tabla de Empleados, el manejador automáticamente eliminará los registros asociados en la tabla HijoEmpleado.

2.- Restringir el borrado, en este caso si un empleado tiene registros relacionados el manejador impedirá su borrado, así que el desarrollador debe asegurarse, por ejemplo, en caso de que el borrado sea definitivo, y como dijimos antes dependiendo del modelo del negocio, de que los hijos sean borrados manualmente por el usuario o sean cambiados de empleado.

3.- Forzar nulo, al borrar un empleado el RDBMS sustituirá el valor de la cédula del empleado borrado en la tabla de Empleados por el valor Nulo, indicando que el registro relacionado no existe; siendo esta opción la más débil desde el punto de vista de la integridad.

Estrategias de Eliminación en Integridad Referencial

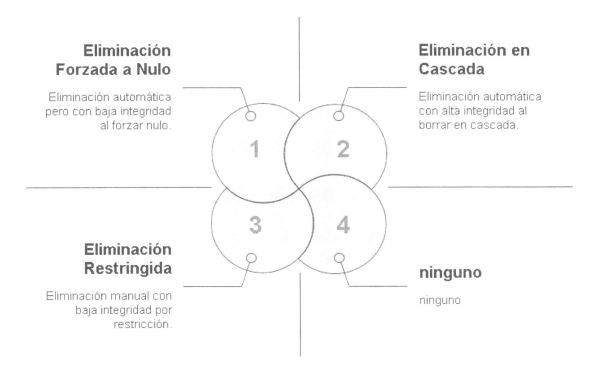

Eliminación Forzada a Nulo

Eliminación automática pero con baja integridad al forzar nulo.

Eliminación en Cascada

Eliminación automática con alta integridad al borrar en cascada.

Eliminación Restringida

Eliminación manual con baja integridad por restricción.

ninguno

ninguno

Tenemos pendiente abordar la regla de implementación correspondiente a una relación cuya cardinalidad sea M a N y para ello ampliaremos un poco nuestro ejemplo incorporando la entidad "Actividad" unida a la entidad "Empleados" mediante la relación "Realiza".

Cuando determinamos la cardinalidad de "Realiza" le preguntamos al modelo:

.- ¿Un empleado puede realizar varias actividades? Siendo la respuesta "Sí" corresponde la cardinalidad en N.

.- ¿Una actividad puede ser realizada por varios empleados? Siendo la respuesta "Sí" la cardinalidad de la relación será de M a N (de muchos a muchos)

Vamos a definir gráficamente el esquema después de la incorporación de la tabla de "Actividades":

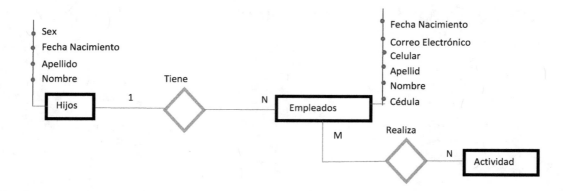

Observe como se ha explicado que la relación "Realiza" se implementa con una tabla en el esquema relacional a diferencia de la relación "Tiene"

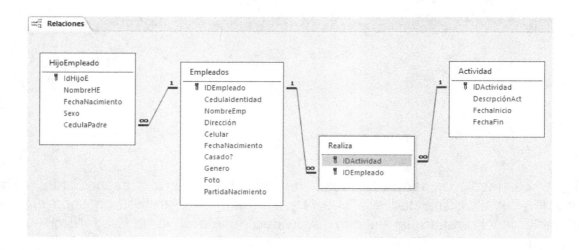

Retomemos el ejemplo del "Zoologico el Pinar" para observar y repasar algunas técnicas usadas en la conversión de E/R a un esquema relacional.

Este es el E/R que planteamos anteriormente, correspondiente al enunciado:

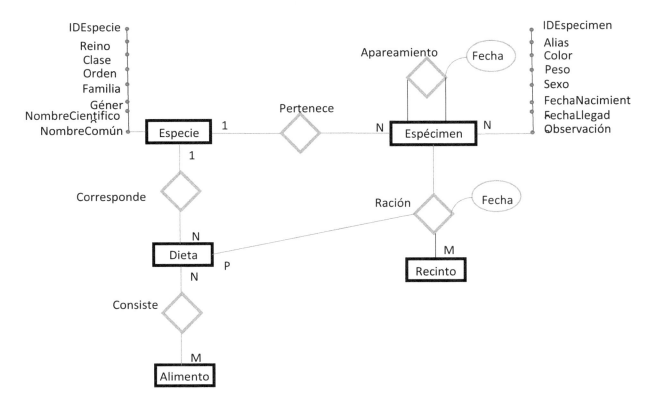

En base a esta propuesta se crean las tablas correspondientes y se especifican las relaciones para el siguiente esquema:

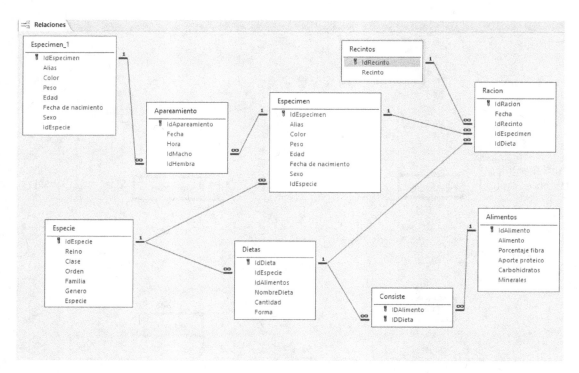

Observe que la entidad Especie se convirtió en una tabla desde donde salen dos relaciones 1 a N (Pertenece y Corresponde) que de acuerdo a la regla se han convertido en relaciones (con sus correspondientes claves foráneas IDEspecie) en las tablas hijas (desde esta perspectiva): Espécimen y Dietas.

Por otra parte, la entidad Alimento está unida a la entidad (tabla) Dieta mediante la relación Consiste que de acuerdo a la regla se ha convertido en una tabla contentiva de las claves primarias de las entidades que asocia, estas claves fungen como claves foráneas, para efectos de la implementación.

Luego tenemos a la relación Ración, que en el modelo E/R figura como una relación ternaria entre las entidades Recinto, Espécimen y Dietas, implementada mediante una tabla que posee claves foráneas de estas tablas y un atributo fecha (solicitado en el enunciado) además por supuesto de su identificador (clave primaria).

La implementación de la relación Apareamiento, que es una relación de la Entidad Espécimen sobre sí misma (reflexiva) y contiene la información de los especímenes que se aparean, ella está conformada en un IDMacho (que es una clave foránea de la entidad Espécimen) e IDHembra (que igualmente es una clave foránea de la entidad Espécimen) además la fecha y la hora en la que se ha consumado el hecho y complementariamente por supuesto de un identificador unívoco del Apareamiento.

En el entorno de expresión gráfico del RDBMS utilizado para ilustrar este ejemplo existe la restricción relativa a la representación en una relación doble contra el mismo atributo de la tabla padre, pero permite representar la situación duplicando la tabla Espécimen (como Especimen_1)

Queda entonces diseñado el esquema de la Base de Datos, al que pudimos llegar usando cualquiera de las metodologías que nos soportan en este proceso, es el momento de llenar las tablas en el ambiente de prueba para confirmar si la estructura es capaz de soportar la algoritmia y puede satisfacer los requerimientos del sistema de información.

Sobre esta plataforma conceptual que nos garantiza la integridad y consistencia de los datos el modelo relacional hace gala de un enorme despliegue en el ámbito de la recuperación con el estándar más difundido en el mundo de la informática, el SQL al que dedicaremos un capítulo especial de este texto.

Cómo una cebolla (capas sobre capas) después de la estructura y la recuperación encontramos servicios adicionales como la seguridad de los datos que es posiblemente menos estandarizadas que las capas inferiores no es menos importante y cada manejador implementa mecanismos sólidos de control de acceso y distribución de los privilegios correspondientes por perfiles, usuarios o roles.

Una característica muy relevante de los manejadores relacionales que permitió en gran medida la solidez de las plataformas comerciales (las bancarias como un caso emblemático) fue la implementación del concepto de Transacción sobre todas las operaciones.

Una transacción se define muy simplemente pero su implementación resulta muy poderosa para garantizar la integridad de la Base de Datos, entonces una transacción digamos que encapsula cada operación garantizando que esta es:

Atómica: Una transacción se realiza o no, nunca se realiza a medias.

Consistente: La operación contenida en una transacción debe llegar resultado veraz y compatible con la realidad.

Durable: La aplicación de una transacción debe perdurar en el tiempo hasta que la ejecución de otra transacción afecte de nuevo los datos.

Este concepto que posee la fuerza de la sencillez, garantiza la consistencia e integridad que han desplegado los RDBMS conteniendo las operaciones comerciales, bancarias y de todos indoles del mercado y esta herramienta (las transacciones) con la algorítmica de:

Componentes Clave de los Sistemas de Gestión de Bases de Datos Relacionales

Si "Transaccion Exitosa" Entonces

COMMIT

Sino

ROLLBACK

FinSi

Forzando con el ROLLBACK el aborto de todas las sub-operaciones que pudieran afectar el estado de los datos hasta garantizar en caso de fallos que "el estado" de los datos permanece exactamente como antes de la ejecución de la Transacción.

El mecanismo de bitácora o LOG es implementado por los manejadores para controlar las múltiples transacciones que concurrentemente leen y actualizan los datos en el tiempo así permite "blindar" la integridad de la ejecución individual de cada transacción.

La instrumentación de la bitácora (LOG) se basa en el UNDO-REDO, así el manejador almacenará una Imagen Antes (IA) del conjunto de datos involucrados al comenzar la transacción y una Imagen Después (ID) de cada operación, veamos un ejemplo:

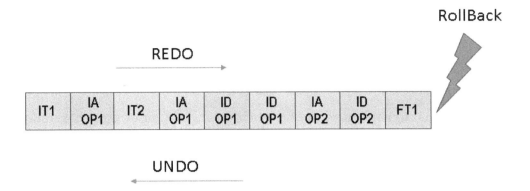

Cuando la Inicia Transacción 1 (IT1) (verde en el gráfico) se realiza una copia del estado de las variables involucradas (además por supuesto de reservarlas para modificación, para evitar inconsistencias relacionadas por la concurrencia) que es la Imagen Antes (IA OP1 Verde) e inmediatamente la Inicia Transacción 2 (IT2) (azul en el gráfico) y al realizar la primera operación el manejador hace una copia del estado de todas las variables involucradas (IA OP1 Azul), el siguiente movimiento es la Imagen Después terminada la operación 1 de la T1 (ID OP1 Verde) entonces T2 realizará una segunda operación que generarán 2 nuevas entradas en el LOG (IA OP2 y ID OP2 Azules), luego termina la T1 (FT1 Verde) y ocurre un fallo que obliga al manejador a hacer un RollBack.

El manejador recorrerá la bitácora de atrás hacia adelante, al encontrar un FT (Fin Transacción) copiara las ID de las operaciones relacionadas con esta transacción terminada (REDO) y por el contrario aquellas transacciones que no posean FT en la bitácora serán deshechas copiando sucesivamente las IA hasta llegar al IT (Inicio de transacción).

Esta heurística con la que los manejadores relacionales implementan las transacciones es un aspecto que desde el punto de vista de un desarrollador podría resultar irrelevante, esta descrito con detalle para darnos una visión de la robustez con la que los RDBMS abordan este tema de la integridad.

Los servicios adicionales como Backups, control de la concurrencia (procesamiento distribuido), seguridad y control de acceso, tolerancias a fallo mediante estrategia de espejos (Mirroring ó copias inmediatas (redundancia controlada) de la Base de Datos) dependen de la liberación comercial de cada RDBMS comercial y se diferencian de acuerdo al costo de las licencias de uso.

Preguntas acerca del enfoque Relacional

1.- Explique con un ejemplo, la definición del concepto de Cardinalidad de una relación y las preguntas hechas a las entidades para determinarla.

2.- ¿Cómo los RDBMS implementan la regla de Integridad Simple (primera regla de integridad relacional)?

3.- Comente con un ejemplo la regla de Integridad Referencial (segunda regla de la integridad relacional) y como es implementada por los manejadores relacionales.

4.- Cuáles son las estrategias mediante las cuales los RDBMS abordan el borrado de los registros relacionados.

5.- Mencione los "tipos de datos" más comunes implementados por los manejadores para modelar la naturaleza de los atributos.

6.- Describa la naturaleza de una Relación Reflexiva (relación de una entidad consigo misma), muestre un ejemplo y su forma de implementación relacional.

7.- Explique cómo es implementada en un esquema relacional una relación con cardinalidad 1 a N (uno a muchos).

8.- Describa e ilustre con un ejemplo la forma de implementación de una relación M a N (muchos a muchos).

9.- Basado en el ejemplo del Zoo El Pinar, comente la implementación relacional de la relación "Ración".

10.- Mencione y explique las características principales que definen una transacción (en el contexto de la implementación relacional de los RDBMS)

11.- Tienda de Línea Blanca

El observador dueño de una tienda de Línea Blanca (electrodomésticos para la cocina) se ha dado cuenta que sus clientes regularmente le solicitan recomendación de técnicos de las distintas líneas que comercializa (neveras, cocinas, microondas, lavadoras, etc.) y que esta actividad resulta en un compromiso sobre el que no puede controlar la calidad, pero sería una oportunidad para ofrecer un valor añadido adicional.

Por eso le ha llamado para desarrollar una aplicación sencilla que permita tener registro y control de los técnicos que deseen registrarse para ser referidos por la tienda, esto permitiría a estos profesionales obtener potenciales clientes para las distintas reparaciones.

La idea es tener acceso desde una página web (el hospedaje será sufragado por la tienda) donde el usuario pueda ver los registros de los técnicos con sus datos personales y de contacto, incluyendo foto (sólo una), especialidad y área de la ciudad.

Un técnico podrá tener sólo dos (2) especialidades distintas, entre: refrigeración, cocinas, microondas, artefactos eléctricos menores (planchas, secadores de cabello, air fryer, etc).

Cuando un servicio es ejecutado debe registrarse en la página la fecha y hora del mismo y la descripción (falla y solución), monto total cobrado y por supuesto debe registrarse el técnico que realizó el servicio, pero esta información no será publicada en la página, el registro se mantendrá para efectos de los cálculos de tarifas y comisiones que aplican a la página.

Adicionalmente posterior a la ejecución y registro de cada servicio debe guardarse la correspondiente evaluación que contemplará aspectos como la puntualidad, la efectividad (¿el problema fue resuelto?), la pulcritud y la amabilidad; así el resultado detallado de todas las evaluaciones disponibles para consulta desde la página web.

Se espera de usted un diagrama E/R que permita llegar a un esquema relacional para la solución.

12.- En el gráfico (Diagrama E/R) correspondiente a la solución del ejercicio "Atrápame si puedes", complete las cardinalidades faltantes y comente acerca del proceso de determinación.

El poder del estándar – SQL (Structured Query Language)

Pudiéramos decir que la base de esta poderosa herramienta está en la sencillez de su estructura, es decir, la sentencia fundamental consta de tres partes:

SELECT ‹‹Atributos a ser seleccionados››

FROM ‹‹Objeto (Tabla o Consulta) del que serán extraídos los datos)››

WHERE ‹‹Condiciones que cumplirán los datos››

Esta "sentencia" o construcción ha sido adoptada como base de la recuperación de los datos por prácticamente todos los Sistemas Manejadores de Base de Datos Relacionales (RDBMS, Relational DataBase Management System) comerciales, permitiendo un lenguaje común entre las herramientas que aumenta la facilidad de interactuar a las aplicaciones de propósito específico (lenguajes de programación orientados al desarrollo de intefaces gráficas de usuario, herramientas de inteligencia de negocios, etc).

Esta sentencia de SELECT es la base de lo que llamamos "recuperación" lo que permite la construcción de las consultas para extraer el significado del que hemos estado hablando, una consulta nos permite, por ejemplo: saber desde una tabla base de empleados aquellos mayores de edad:

SELECT Nombre, Apellido, Edad

FROM EMPLEADOS

WHERE Edad>18

Nombre	Apellido	Edad
Marcos	Silva	22
Eduardo	Soteldo	23
Carlos	Marques	32
Rodolfo	Sanctis	41

Mostrando sólo los atributos indicados en la cláusula SELECT y aquellos donde la condición especificada en la cláusula WHERE se cumpla, generando un nuevo conjunto que no estará almacenado en el modelo, este se generará cada vez que *"la consulta"* (Query) en cuestión se ejecute.

Esta poderosa herramienta combina el poder de extraer datos de varias tablas obviando algunos de los atributos de control (identificadores) o irrelevantes con el cumplimiento de las condiciones indicadas y es aquí donde la magia de las "Reglas de Cortesía entre los Conjuntos" tiene lugar; el SQL tiene incluida operaciones básicas de conjuntos como UNION e INTERSECCION con algunas variantes dependiendo de la implementación del RDBMS.

Cada RDBMS nos presentará un "Ambiente" en el que podremos identificar los conceptos que hemos estado estudiando, la combinación de estos recursos adecuada y eficientemente nos permitirá satisfacer los requerimientos del algoritmo entregará al usuario.

Un concepto donde el álgebra de conjuntos puede verse en acción mediante la implementación del SQL es en el JOIN (unir, combinar), este concepto permite vincular el contenido de dos conjuntos para la extracción del significado y posterior interpretación de la realidad.

Aunque el estándar ANSI (por sus siglas en inglés, American National Standards Institute) contempla una cantidad de tipos de JOIN (variantes y subtipos) nos concentraremos en las implementaciones básicas y más comunes.

Ya en la sección "El Enfoque Relacional (La esencia)" abordamos este ejemplo y analizamos su "significado".

Los padres:

ID Padre	Nombre	Apellido
1544	Eduardo	Loreto
9843	Máximo	Petardo
3215	Carlos	Laurent
7321	Sonia	Akita

Y los Hijos:

ID Hijo	Nombre	ID Padre
912	Ligia Loreto	1544
785	Ronie Loreto	1544
357	Max Petardo	9843
833	Marco Petit	7321
677	Sonia Petit	7321
329	Rodolfo Pratt	1111

Aunque estos conjuntos no cumplen una de las reglas fundamentales del modelo relacional, la regla de integridad referencial ya que la instancia (registro, elemento) 329 Rodolfo Pratt aparece asociado al IDPadre 1111 y este valor no corresponde con ningún registro en la tabla de Padres, usaremos esta situación para entender el comportamiento de los JOINs con estos conjuntos interactuando.

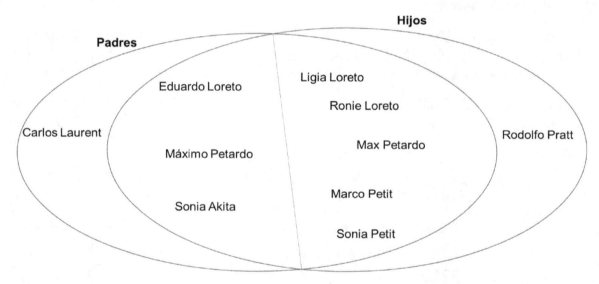

Arriba podemos visualizar nuestros conjuntos en perspectiva, entonces podemos plantearnos un JOIN implícito:

SELECT *

FROM Padres, Hijos

WHERE Padres.IDPadre = Hijos.IDPadre

ID Padre	Nombre	Apellido	ID Hijo	Nombre	ID Padre
1544	Eduardo	Loreto	912	Ligia Loreto	1544
1545	Eduardo	Loreto	785	Ronie Loreto	1544
9843	Máximo	Petardo	357	Max Petardo	9843
7321	Sonia	Akita	833	Marco Petit	7321
7321	Sonia	Akita	677	Sonia Petit	7321

Obteniendo un subconjunto como el indicado en el óvalo del centro, donde quedarían afuera Carlos Laurent (Padre sin Hijos) y Rodolfo Pratt (Hijo sin Padre)

Podemos encontrar implementaciones con sintaxis variadas para esta misma instrucción, como:

SELECT *

FROM Padres

JOIN HIJOS

ON Padres.IDPadre = Hijos.IDPadre

Depende como hemos dicho, de la implementación de cada RDBMS pudiéramos encontrar esta instrucción como INNER JOIN, JOIN Natural, Theta JOIN,… en todo caso, en el resultado que esperamos los valores de ambos conjuntos coinciden por completos y aquellas filas donde los valores comunes no coincidan, serán excluidas.

Dependiendo del requerimiento puede ser necesario extraer una combinación distinta de los conjuntos en cuestión, necesitando por ejemplo que el resultado tome en cuenta a aquellos Padres sin Hijos registrados en el modelo:

70

Cuando necesitamos extraer subconjuntos que incluyan alguna de las partes externas del óvalo de intersección (interno) el estándar SQL (ANSI) considera 3 tipos de JOIN externos (OUTER JOIN) LEFT JOIN, RIGHT JOIN y FULL JOIN, arriba podemos ver un ejemplo de LEFT JOIN (JOIN IZQUIERDO).

SELECT *

FROM Padres

LEFT OUTER JOIN HIJOS

ON Padres.IDPadre = Hijos.IDPadre

Permitiendo que obtengamos la relación requerida incluyendo a Carlos Laurent (Padre sin Hijos), mismo caso para la situación adversa, podríamos necesitar un conjunto donde sean relevantes los Hijos sin padres, como el siguiente conjunto originado por la instrucción: RIGHT OUTER JOIN:

ID Padre	Nombre	Apellido	ID Hijo	Nombre	ID Padre
1544	Eduardo	Loreto	912	Ligia Loreto	1544
1545	Eduardo	Loreto	785	Ronie Loreto	1544
9843	Máximo	Petardo	357	Max Petardo	9843
7321	Sonia	Akita	833	Marco Petit	7321
7321	Sonia	Akita	677	Sonia Petit	7321
-	-	-	329	Rodolfo Pratt	1111

Finalmente, FULL JOIN que permite visualizar TODAS las ocurrencias de ambos conjuntos, vinculadas mediante el atributo común o no.

ID Padre	Nombre	Apellido	ID Hijo	Nombre	ID Padre
1544	Eduardo	Loreto	912	Ligia Loreto	1544
1545	Eduardo	Loreto	785	Ronie Loreto	1544
9843	Máximo	Petardo	357	Max Petardo	9843
3215	Carlos	Laurent	-	-	-
7321	Sonia	Akita	833	Marco Petit	7321
7321	Sonia	Akita	677	Sonia Petit	7321
-	-	-	329	Rodolfo Pratt	1111

Esta magia es la que nos permite extraer el significado mientras nuestros datos reposan en una estructura estable y sólida, el SQL nos proporciona el dinamismo necesario para las extracciones, análisis y distintas manipulaciones que le dan sentido a esta "ciencia de datos".

La fascinante semilla que a finales de los setenta (investigaciones de E.F. Cood y colaboradores) comenzó a gestarse hasta llegar al desarrollo de una plataforma que auspiciara la independencia del manejo de los datos (tanto físico como lógico) derivó como hemos estudiado en un periodo inusualmente largo de estabilidad y estandarización, pero como profesionales informáticos nuestras mentes deben estar abiertas y nuevas herramientas se presentan con la facilidad de desarrollar el código SQL desde una especificación gráfica y aunque no sea necesariamente la propuesta más eficiente, es una propuesta funcional desde la que podemos comenzar.

Una situación que uso en el aula de clases con bastante frecuencia es "Profesores" que "Dictan" las "Materias" y "Estudiantes" que las "Cursan", veámoslo en el diagrama E/R:

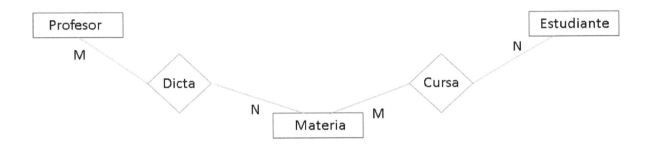

La cardinalidad de las relaciones será de M a N, es decir un Profesor puede dictar varias Materias y una Materia puede ser dictada por varios Profesores, mismo análisis para "Cursa"; lo que implica que en el esquema relacional tendremos 5 tablas (3 por las entidades y 2 por las relaciones, veámoslo en el diagrama relacional:

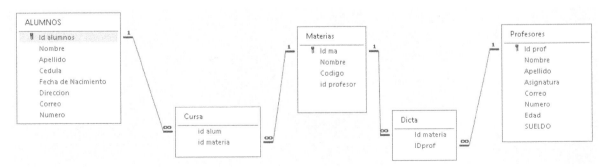

Definido el esquema podemos usar algunas de las herramientas disponibles para la recuperación, en esta oportunidad usaremos Microsoft Access que nos provee un *ambiente* bastante sencillo para la construcción de las consultas (querys), generando automáticamente el SQL en base a la especificación gráfica.

En el caso de la recuperación requerida sea una lista ordenada de las Materias junto con los Estudiantes que las Cursan, definiría la siguiente especificación gráfica:

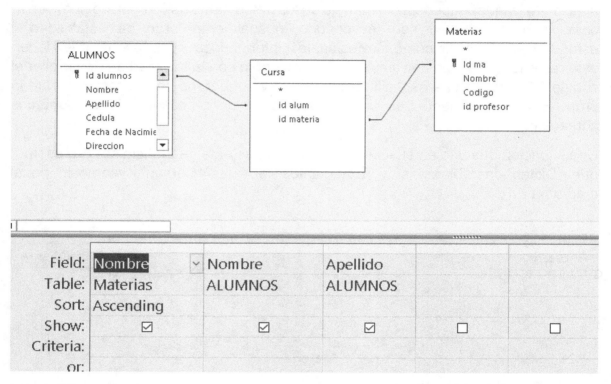

Luego esta especificación generará automáticamente el siguiente código SQL:

```
SELECT Materias.Nombre, ALUMNOS.Nombre, ALUMNOS.Apellido
FROM Materias
INNER JOIN (ALUMNOS INNER JOIN Cursa ON ALUMNOS.[Id alumnos] = Cursa.[id alum]) ON Materias.[Id ma] = Cursa.[id materia]
ORDER BY Materias.Nombre;
```

Este código podríamos exportarlo a otra herramienta donde estemos desarrollando el FrontEnd por ejemplo y luego al solicitar su ejecución el resultado será:

Materias.Nombre	ALUMNOS.N	Apellido
Actidades complementarias	Armando	Castro
Administracion	Rodrigo	Auleriano
Computacion	Miguel	Martinez
Estadistica	Carlos	Navarro
Historia	Karla	Gutierres
Ingles	Osdeyny	Capote
Programacion	Jesus	Mejias
Programacion	Ruben	Pereira
Sistema	Roxana	Rodriguez
Tecnicas de estudio	Osdeyny	Capote

Que es de hecho el contenido de las tablas que hemos solicitado, igualmente si quisiéramos obtener una lista ordenada de menor a mayor por fecha de nacimiento, de los estudiantes nacidos después del año 2000, lo especificaríamos gráficamente de la siguiente forma:

Field:	Fecha de Nacimient	Nombre	Apellido
Table:	ALUMNOS	ALUMNOS	ALUMNOS
Sort:	Ascending		
Show:	☑	☑	☑
Criteria:	>#1/1/2000#		

Para obtener un SQL como sigue:

```
SELECT ALUMNOS.[Fecha de Nacimiento], ALUMNOS.Nombre, ALUMNOS.Apellido
FROM ALUMNOS
WHERE (((ALUMNOS.[Fecha de Nacimiento])>#1/1/2000#))
ORDER BY ALUMNOS.[Fecha de Nacimiento];
```

Y al ejecutar:

Fecha de Nacim	Nombre	Apellido
24/6/2000	Roxana	Rodriguez
30/12/2000	Karla	Gutierres
3/1/2003	Miguel	Martinez
1/11/2003	Rommel	Mendez
22/11/2003	Carlos	Navarro
9/3/2004	Osdeyny	Capote
23/6/2004	Ruben	Pereira

La definición del SQL incluye además de la estructura de "selección", las sentencias correspondientes al borrado --› DELETE, inserción -› INSERT, modificación -› UPDATE, etc., que son también conocidas en algunas implementaciones como consultas de acción.

Se entiende como una división particular del SQL un conjunto de sentencias destinadas a la manipulación de los datos como DML (por sus siglas en inglés – Data Manipulation Language) y por otra parte el DDL (por sus siglas en inglés – Data Definition Language) el conjunto de sentencias destinadas a la definición y creación de los datos.

Esta capacidad de manipular los datos estandarizada y sencilla permitió delegar por completo e integralmente los asuntos de los datos (manipulación y administración) en los RDBMS, logrando un grado de especialización muy alto en dos partes del negocio informático, dando origen a los términos BackEnd y FrontEnd.

Este texto no pretende convertirse en un manual de SQL, más bien dar un vistazo a las herramientas más comunes de este lenguaje una visión de su enfoque a la manipulación de los datos y de su filosofía de trabajo, los detalles de su comportamiento e implementaciones particulares de cada manejador pueden conseguirse en los manuales de cada herramienta.

Evolución en acción – Base de Datos No Relacionales

La aseveración de que *el cambio es lo único constante*, nos ha acompañado para definir los procesos de las industrias en general, pero en ningún caso con tanta frecuencia como en el ámbito de la tecnología.

Usando como referencia las primeras apariciones de algunas recetas y procedimientos médicos en el código de Hammurabi, como el principio de la profesión y ciencia de la medicina pudiéramos calcular que ha podido evolucionar desde hace unos cuatro mil (4.000) años y aunque sigue evolucionando su relevancia en la sociedad ha permitido y promovido sus avances en un ambiente armónico y regulado por los estados, aunque con altas y bajas en algunos periodos de la historia de la humanidad.

En contraste a cuatro mil (4.000) años de evolución, la ciencia de la computación sólo existido entre nosotros unos cien (100) años y hemos presenciado una carrera vertiginosa entre los incrementos de las capacidades del procesamiento del hardware y el aumento en los servicios y capacidades del software, como una espiral retroalimentada.

El desarrollo de servicios y capacidades en el Software deja rápidamente al Hardware sin poder responder a estas demandas; luego cuando la tecnología responde y nuevas capacidades de hardware son incorporadas al procesamiento queda una capacidad ociosa en el equipo que es rápidamente ocupada por nuevos servicios y capacidades del software, naciendo así la espiral mencionada.

Aunque el manejo y administración de las Bases de Datos ha pretendido la muy ansiada "independencia lógica" que permitiera a los diseñadores de Base de Datos mantenerse al margen de la implementación de soporte (manejo de los archivos, lenguajes del FrontEnd y otros asuntos propios de la logística del almacenamiento) es imposible no estar afectados por los cambios en las arquitecturas de hardware que soportan las operaciones:

- Primero dominaron los MainFrames, el procesamiento estaba centralizado y los terminales daban acceso a los requerimientos.
- El advenimiento de los PCs dio a los "terminales" una nueva capacidad y las estaciones se convirtieron en Clientes que recuperaban desde los Servidores mediante las redes LAN en las compañías.
- El Internet llevó las Base de Datos a Servidores remotos y las estaciones de trabajo salieron de las oficinas.

- Los celulares y aumento en las capacidades de procesamiento ha hecho aparecer la BigData y ha brindado un acceso a la información hasta ahora inimaginado.

En la gráfica podemos ver la aparición en el tiempo de algunas de las tecnologías (opciones comerciales de Manejadores de Base de Datos) como opciones comerciales predominantes en el mercado, podemos apreciar aproximadamente 60 años en los que los modelos Jerárquico, Redes, Relacional y No Relacional nos presentan sus tres etapas: aparición, dominio y declive.

Dranfen: Profesor, ¿usted ha trabajado en todos estos esquemas?

No en todas Dranfen, pero te contaré; al final de los ochenta (cuando comencé mis estudios universitarios) el modelo de redes estaba cediendo paso al modelo relacional pero todavía en las universidades no era un tema de estudio, aunque ya el modelo jerárquico era un asunto más histórico que otra cosa.

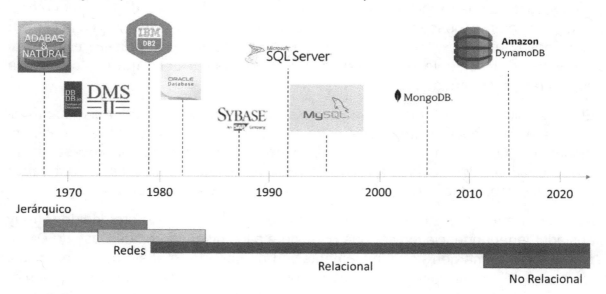

Mientras estudiaba en la universidad, tuve la suerte de trabajar en una Mainframe Burroughs A10 donde corría DMS II, un manejador de Base de Datos basado en el modelo de Redes sobre el que desarrollé muchos proyectos ya que me desempeñé como auxiliar docente de la catedra de Base de Datos durante mi carrera.

La situación es que cuando terminé mis estudios no existía ninguna instalación comercial donde estuviera instalado DMS II, entonces estuve algunos años entre IBM DB2 y Oracle ya lo relacional era un estándar, para desarrollar los siguientes 30 años gestiones sobre SAP (normalmente corriendo sobre Oracle).

Desde hace unos años, ahora dedicado a la función docente, la tendencia No Relacional ha estado tomando un lugar relevante en el panorama de la industria de las Bases de Datos, respondiendo a la explosión de datos que los dispositivos móviles son capaces de generar y la capacidad de procesamiento astronómica que podemos encontrar en el hardware; he escuchado de algunos de los que trabajamos en los modelos de redes o jerárquicos que esta es una vuelta a ese enfoque, pero no estoy de acuerdo y pretendo exponerles mi punto.

Hoy nos encontramos dotados casi por regla social de un dispositivo (celular) que tiene muchas veces más capacidad de procesamiento que algunos Main Frame de los años 70, esta capacidad de procesamiento y conexión permite que cada uno de nosotros aporte segundo a segundo una cantidad de información impresionante que se acumula, sólo mencionando una parte de la misma tengamos en cuenta nuestra ubicación que es enviada a la torre celular revelando y/o confirmando nuestra posición cada cierto intervalo de tiempo, además de nuestros consumos, diversión (consumo de contenido), etc.

Cuando la regla de procesamiento se medía en millones de registros los manejadores relacionales podían enfocarse en la solidez del modelo, en la disciplina de las reglas y en el apego a las teorías del álgebra de conjuntos, hoy es necesario priorizar la eficiencia en la administración del almacenamiento ya que *miles de millones* comienza a ser una medida normal.

Una de las características principales del enfoque No Relacional es la flexibilidad, mientras que en el enfoque relacional los objetos (tablas, relaciones) estaban fuertemente estructurados, en el modelo no relacional una estructura de datos puede variar.

Dranfen: No entiendo, Profesor. ¿Cómo puede una estructura de datos ser variable? Si defino un "Estudiante" con sus atributos... ¿Estos atributos pueden cambiar entre un registro y otro?

¿Te acuerdas Dranfen cuando te dije que debíamos tener la mente abierta y ser flexibles?...

Bueno, vamos a necesitar un poco de eso.

Te comentaré lo siguiente, ¿en tu teléfono celular tienes los contactos de alguno de tus compañeros?

Seguramente la respuesta es "sí"; ahora te pregunto, ¿en cada uno de tus compañeros tienes registrado su fecha de cumpleaños?, ¿dirección completa?, ¿cédula de identidad?, muy probablemente la respuesta es "no", seguramente de tus compañeros de clase tendrás registrado sólo nombre y teléfono; pero en el registro de tu novia o de tu madre estos datos, sí están completos.

La realidad es que no siempre todos los datos de un mismo objeto son relevantes, quizá en algunos casos no apliquen, por ejemplo, teléfono de trabajo si la persona no trabaja, este enfoque de la realidad es mucho más preciso y flexible, en el enfoque relacional todos los registros de una tabla deben tener la misma estructura, obligando al manejador (RDBMS) a reservar el espacio que debería corresponder a la fecha de cumpleaños (por ejemplo) del plomero, de quién sólo me interesa almacenar nombre y teléfono.

En la realidad relacional esta circunstancia tiene sentido ya que el volumen de datos en consideración era compatible con este derroche de almacenamiento, en la nueva realidad (miles de millones de registros) es prudente reconsiderarlo.

Una premisa que debe estar siempre en consideración para determinar la pertinencia de una estructura No Relacional, es la relación *Lectura vs Escritura*:

.- En un sistema transaccional, por ejemplo, un sistema de inventario tendremos mucha más escritura que lectura en la Base de Datos, cada movimiento de inventario debe ser escrito (pudiera ser varios por minuto, en caso de una actividad concurrente en varios almacenes) y luego una consulta quizá al final del día para realizar un cierre o un inventario consolidado. Lo que nos deja sospechar que una Base de Datos Relacional sea la mejor opción.

.- En un sistema de venta en línea que ofrece productos digitales, la carga (actualización) del catálogo se hará quizá una vez al mes pero recibirá miles de vistas diarias ya que la página web podría tener un alcance multinacional, este caso quizá es susceptible para considerar una Base de Datos no Relacional.

Un abordaje inicial de esta situación en la que se necesita flexibilidad por encima de robustez, sin dejar de considerar la consistencia como un atributo fundamental de los modelos con los que llevamos, desde la realidad hasta una Base de Datos, es el modelo "clave-valor", que nos permite asociar a un objeto de la realidad mediante un identificador único (clave) significado de acuerdo a las circunstancias (valor).

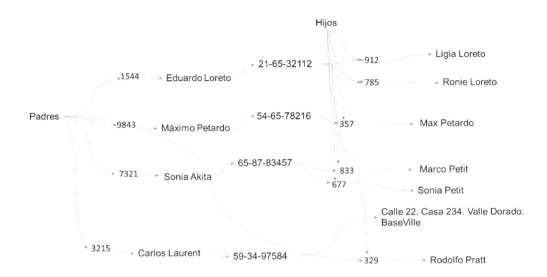

Aquí podemos apreciar el asombroso parecido en la forma en que se ha abordado esta circunstancia (arquitectura del modelo) con el modelo de redes, las flechas son apuntadores lógicos que cada manejador implementará de acuerdo a la circunstancia técnica (no vamos a entrar en tecnicismos, como hemos acordado).

Este enfoque resulta más flexible permitiendo que las "colecciones" (objetos equivalentes a las tablas en este nuevo enfoque) almacenen los datos correspondientes de acuerdo a lo que realmente debe ser almacenado sin reservar espacio de almacenamiento para datos que nunca serán llenados.

Entonces como desarrollador pienso siempre en objetos (que en el modelo relacional será una tabla, pero en "no relacional" será una colección) donde almacenar la información del mundo real, entonces cada "Colección" identificada como por ejemplo Padres estará compuesta por instancias del mismo (registros en el caso relacional y documentos en el caso "no relacional")

Hemos exaltado en este texto que la robustez de la plataforma relacional se asocia con su madurez (con el tiempo y la experiencia que los RDBMS han tenido para abordar las mejores soluciones) garantizando la independencia lógica (debo poder diseñar la Base de Datos -BackEnd sin preocuparme por el programa, algoritmo, lenguaje que implementará las recuperaciones (FrontEnd); entonces es seguro que el tiempo y la solución acumulativa de problemas darán al enfoque "no relacional" recursos equivalentes.

Un recurso muy popular manejado en este entorno de estas Bases de Datos No Relacionales (Clave-Valor) es la notación JSON (por sus siglas en inglés, JavaScript Object Notation) que permite indicar desde un programa las instancias de una colección.

```
Welcome        {} Untitled-1 1 ●
1   [
2       {"IDEmpleado":"1544",
3       "Nombre":"Eduardo Loreto",
4       "Telefono":"21-65-32112",
5   ]
```

Las implementaciones de estos conceptos podríamos decir que tienen una débil independencia lógica aún y muchos tipos de enfoques hoy responden a necesidades específicas de cada implementación siendo los más comunes:

- Orientadas a columnas.
- Gráficos.
- MultiValores
- Orientados a documentos

Muy pronto veremos la dirección que esta evolución dará al desarrollo de la ciencia de las Bases de Datos, por ahora nuestro conocimiento de las fortalezas y debilidades de cada implementación de acuerdo a las características del negocio que estamos implementando son la última palabra.

Bibliografía

- Codd, Edgar F, "A relational model of data for large shared data banks", Communication of the ACM, Volume 13, Issue 6. Page 377-387. https://doi.org/10.1145/362384.362685
- CHEN, PETER. The Entity-Relationship Model--Toward a Unified View of Data, ACM Transactions on Database Systems 1/1/1976 ACM-Press, ISSN 0362-5915, pp. 9–36.
-
- KORTH, HENRY F., SILBERSCHATZ, ABRAHAM. Fundamentos de Base de Datos. Mc Graw Hill. Bogota. 1984.
-
- CASAS ROMA, J., ALONSO ZARATE, Bases de Datos No Relacionales. Universitat Oberta de Catalunya. PID_00251488. 2023.
-
- BELMONTE, MARINA; ARROYO, JOAQUIN. Bases de Datos No SQL. Un Analisis Integral. Departamento de Ciencias de la Computación, Facultad de Ciencias Exactas, Ingeniería y Agrimensura, Universidad Nacional de Rosario. 2024.
-
- DATE, C.J., Introducción a los Sistemas de Bases de Datos. Peason Educación. ISBN: 9684444192, 9789684444195. 2001.
-
- Krapans, Jānis y Sergejs Kodors. "NOSQL DATABASES". HUMAN. ENVIRONMENT. TECHNOLOGIES. Proceedings of the Students International Scientific and Practical Conference, n.º 25 (23 de abril de 2021): 55–58. http://dx.doi.org/10.17770/het2021.25.6780.

Reconocimiento:

Algunos de los gráficos que apoyan la lectura de este texto se generaron usando la herramienta: https://www.napkin.ai